KB162047

≡≡ 개발사의 하루를 바꾸는 ≡≡
코파일럿&챗GPT

개발자의 하루를 바꾸는 코파일럿 & 챗GPT

AI 코딩 도구와 페어 프로그래밍하기

초판 1쇄 발행 2023년 9월 8일

지은이 마이클 D. 캘러핸 / **옮긴이** 정원창 / **펴낸이** 김태헌
펴낸곳 한빛미디어(주) / **주소** 서울시 서대문구 연희로2길 62 한빛미디어(주) IT출판2부
전화 02-325-5544 / **팩스** 02-336-7124
등록 1999년 6월 24일 제25100-2017-000058호 / **ISBN** 979-11-6921-142-0 93000

총괄 송경석 / **책임편집** 서현 / **기획 · 편집** 최민이
디자인 윤혜원 / **전산편집** 백지선
영업 김형진, 장경환, 조유미 / **마케팅** 박상용, 한종진, 이행은, 김선아, 고광일, 성화정, 김한솔 / **제작** 박성우, 김정우

이 책에 대한 의견이나 오탈자 및 잘못된 내용에 대한 수정 정보는 한빛미디어(주)의 홈페이지나 아래 이메일로
알려주십시오. 잘못된 책은 구입하신 서점에서 교환해 드립니다. 책값은 뒤표지에 표시되어 있습니다.

한빛미디어 홈페이지 www.hanbit.co.kr / 이메일 ask@hanbit.co.kr

지금 하지 않으면 할 수 없는 일이 있습니다.
책으로 펴내고 싶은 아이디어나 원고를 메일(writer@hanbit.co.kr)로 보내주세요.
한빛미디어(주)는 여러분의 소중한 경험과 지식을 기다리고 있습니다.

AI 코딩 도구와 ◆ 페어 ◆ 프로그래밍하기

마이클 D. 캘러핸
지음

정원창 옮김

개발자의 하루를 바꾸는
코파일럿&챗GPT

ⅠB 한빛미디어
Hanbit Media, Inc.

지은이·옮긴이 소개

지은이 마이클 D. 캘러핸(Michael D. Callaghan)

25년 이상의 경험을 쌓은 숙련된 소프트웨어 개발자입니다. 다양한 고객과 산업에 고품질 소프트웨어 솔루션을 제공하는 전문가로 명성을 쌓아왔습니다. 기술적 역량 외에도 업계에서 일하는 것의 어려움과 함정을 깊이 이해하고 있습니다. 소프트웨어 프로젝트에서 열악한 의사소통이 미치는 영향에 관해 여러 책을 집필했습니다. 캘러핸의 통찰력과 조언은 많은 조직이 값비싼 실수를 피하고 의사소통 품질을 개선하도록 도왔습니다.

옮긴이 정원창

전자공학과 전산학을 공부하고 국내외의 크고 작은 하드웨어와 소프트웨어 회사에서 경험을 쌓았습니다. 현재는 자연어 처리에 중점을 둔 머신러닝 엔지니어로 일하고 있습니다.

예전에 모 야구 감독이 취임하면서 "각 선수의 능력을 10퍼센트씩 올려 우승하겠다"라고 말한 적이 있습니다. 실제로 그 팀은 우승했습니다.

개발 경험이 있는 분들은 자신의 스킬 모음에서 개선하고 싶은 포인트가 있을 것입니다. 좀처럼 외워지지 않아서 매번 검색해야 한다거나, 알기는 아는데 정리가 필요하다거나 하는 지점들이 있죠. 그런 것들을 정리할 시간은 항상 부족할뿐더러 날을 잡아 정리하려고 해도 마음처럼 쉽게 되지 않습니다.

생성형 AI에 기반한 개발 도구는 바로 이 지점에서 개발자를 크게 도와줍니다. 대략은 아는데 좀처럼 확실하게 알기 어려웠던 내용들, 매번 검색해서 사용하던 명령을 그 자리에서 제안함으로써 개발의 효율을 높여줍니다.

거기에서 그치지 않습니다. '알기는 아는데 확실치 않은' 부분만 도와주는 것이 아니라 아예 모르고 있던 것을 제안함으로써 실력의 범위를 넓히는 계기까지 제공합니다.

생성형 AI 도구를 적극 활용함으로써 역량을 10퍼센트 이상 올려 모두 챔피언이 되시기를 바랍니다.

정원창, 2023년 8월

이 책에 대하여

페어 프로그래밍은 두 개발자가 한 팀을 이뤄 함께 작업하는 소프트웨어 개발 방법입니다. 한 명은 '드라이버'가 되어 코드를 작성하고 다른 한 명은 '내비게이터'가 되어 코드를 검토하고 아이디어를 제시합니다. 이러한 협력을 통해 다양한 관점을 공유하고 오류를 빠르게 발견하는 등 코드 품질을 향상합니다.

이 책에서는 생성형 AI가 여러분의 페어 프로그래밍 상대가 됩니다. 깃허브 코파일럿과 챗GPT가 든든한 조수가 되어 코드를 제안하고, 질문에 답하고, 간단한 애플리케이션까지 만들어줍니다. 다양한 실습을 진행하며 업무 효율성을 향상하기 위한 인사이트를 얻어봅시다. 다루는 주제는 다음과 같습니다.

- 소프트웨어 개발에 AI 활용하기
- 셸 스크립팅 명령
- 깃 명령
- 일반적인 알고리즘
- RxJS 학습하기
- 앵귤러 HttpClient
- 정규 표현식
- 데이터 생성
- 애자일 프로젝트 관리
- 애플리케이션 만들기
- 유닛 테스트
- 다른 고려 사항들
- 소프트웨어 개발의 미래

이 책의 목표는 여러분이 자신만의 아이디어를 떠올리고 효율성 높은 프로그래밍을 구현하도록 영감을 주는 것입니다.

사용하는 도구

이 책에서는 깃허브 코파일럿과 챗GPT를 사용하며 각각의 입력문과 출력문은 다음과 같은 형태로 표시합니다. 실습에서 코파일럿과 챗GPT에 입력하는 주석과 프롬프트는 영문과 한글 번역문으로 표기하며 챗GPT 출력은 번역문으로만 표기합니다.

깃허브 코파일럿

```
// Copilot comment or prompt
```
`한글` 코파일럿 입력문

코파일럿 출력문

챗GPT

ChatGPT comment or prompt
`한글` 챗GPT 입력문

챗GPT 출력문

코드 스니펫

대상 독자

이 책은 이제 막 시작한 소프트웨어 개발자부터 수십 년 동안 경력을 쌓은 개발자까지, 수준에 상관없이 모든 소프트웨어 개발자에게 도움이 됩니다. 책에서는 대부분 HTML, 자바스크립트, 타입스크립트, 아이오닉 같은 웹 기술을 사용하지만 특정 언어와 프레임워크를 자세히 알 필요는 없습니다.

따라 하기

여러분이 어떤 소프트웨어를 개발하든 상관없이 각자 선호하는 언어로 실습을 따라 해보면 도움이 될 겁니다.

이 책에서 사용하는 프롬프트 목록을 무료로 제공합니다. 프롬프트를 직접 타이핑하고 싶지 않다면 다음 링크에서 다운로드해 사용하세요.

- https://walkingriver.gumroad.com/l/pair-programming-bonus

업데이트와 질문

이 책에 관해 질문이 있거나 새로운 소식을 받고 싶다면 언제든지 위 링크에서 가입하거나 michael@walkingriver.com으로 이메일을 보내주세요. 필자는 트위터(@WalkingRiver)에서도 활발하게 활동하고 있습니다.

감사의 말

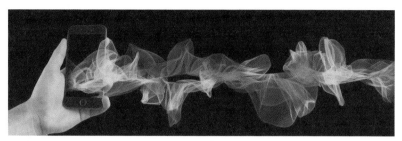

▶ 이미지 출처: 픽사베이 Gerd Altmann(geralt)

표지에는 필자의 이름이 올라가 있지만 이 책은 여러 사람의 협업으로 이룬 결실입니다. 이 책이 나올 수 있도록 시간과 금전적 지원을 아끼지 않은 모든 분에게 감사합니다.

그렉 마린Greg Marine은 가장 초기부터 함께하며 필자를 지지해줬고 언제나 신중한 의견을 기꺼이 나누어줍니다. 이 책을 만드는 모든 과정을 함께했으며 필자의 다른 책『Don't say that at work』(2020)를 함께 집필하고 편집했습니다. 그렉이 아니었다면 해내지 못했을 겁니다. 그렉의 트위터 계정(@ByGregMarine)을 팔로우하면 매일 긍정적인 지혜를 얻을 수 있습니다.

론 제닝스Ron Jennings와 마크 고호Mark Goho의 신뢰와 지원에도 감사를 표합니다.

목차

3장 | 깃 명령

목차

목차

목차

▶ 이미지 출처: 픽사베이 Gerd Altmann(geralt)

필자가 깃허브 코파일럿^{Copilot}을 처음 알게 된 것은 2022년 중반입니다. 공개 깃허브 저장소 전체의 소스 코드로 인공지능(AI) 모델을 훈련한다는 내용이 매우 흥미로웠습니다. 게다가 훈련된 모델이 사람의 소스 코드를 이해하고 실시간으로 새로운 코드까지 제안해준다는 것이었죠. 그것이 정말이라면 시도해보지 않을 수 없었습니다.

무료 베타 유저 목록에 등록하고 약 일주일 후 필자는 베타 유저로 선정됐다고 알리는 이메일과 함께 비주얼 스튜디오 코드^{Visual Studio Code}(VS코드) 확장 기능을 설치하기 위한 링크를 받았습니다. 확장 기능을 설치하고 사용해보기 시작했죠. 괜찮아 보였지만 필자는 개인 컴퓨터에서 매일 코딩 작업을 하는 편은 아니고, 그렇다고 업무용 컴퓨터에 베타 기능을 설치하기는 망설여졌습니다. 그래서 한동안 잊고 지냈죠.

그러고는 6월에 라이브 모바일 앱 개발 워크숍을 진행할 일이 있었습니다. 코드 데모를 위해 개인 맥Mac에서 VS코드를 실행했죠. 코파일럿이 설치된 상태라 코드 제안이 계속 표시되더군요. 그걸 보고 누군가가 무엇이냐고 물었고 결국 삼천포로 빠져 코파일럿의 능력을 확인해보는 상황이 벌어졌습니다. 우리가 어떤 코드를 작성해야 할지 코파일럿이 미리 알고 있는 것 같더군요. 거기 있던 모두가 감명을 받았다고밖에는 말할 수 없겠네요.

마치 아이오닉과 앵귤러, HTML, CSS, 타입스크립트에 관한 모든 걸 알고 있는 듯했습니다. 워크숍 데모 앱을 위해 필자가 작성하던 언어의 문맥을 이해하더군요. 필자가 입력하려던 것과 거의 동일한 코드를 제안했을 뿐 아니라 좀처럼 틀리지도 않았죠.

그로부터 몇 달 후 챗GPT가 나타나 세계를 강타했습니다. 대화형 인터페이스를 지닌 최초의 '접근이 용이한' AI인 것이죠. 챗GPT에 질문을 하면 일관성 있는 답변을 기대할 수 있습니다.

수백만 명이 챗GPT를 사용해보기 시작했습니다. 문제에 대해 간단히 설명을 입력하면 얼마나 좋은 응답이 만들어지는지 확인했죠. 응답은 완벽하지는 않지만 놀라울 정도로 좋았습니다. 우리가 소프트웨어 개발의 신세계로 들어온 걸까요? 그렇다면 전통적인 코딩과 소프트웨어 개발자들은 곧 무의미해지는 걸까요?

필자는 일반적인 소프트웨어 개발자가 일상적인 작업에 AI를 어떻게 활용할 수 있는지 보여주고 싶었습니다. 그것이 이 책을 쓴 목적입니다. 자세히 들어가기 전에 AI 도구가 무엇을 할 수 있고 무엇을 할 수 없는지 살펴봅시다.

1.1 AI 도구의 활용 사례

AI 도구는 다음과 같은 작업에 활용됩니다.

- **코드 생성:** 일련의 입력과 요구 사항을 기반으로 코드를 생성합니다. 이는 개발 과정의 속도를 높이고 오류를 줄일 수 있습니다.

- **테스트 자동화:** 테스트 케이스와 테스트 스크립트를 자동으로 생성합니다. 이는 시간을 절약하고 소프트웨어 품질을 높일 수 있습니다.

- **품질 보장:** 코드 품질을 자동으로 평가합니다. 이는 잠재적인 문제를 미리 검출하는 데 도움이 됩니다.

- **UI/UX:** UI/UX를 생성합니다. 이는 시간을 절약하고 전체 사용자 경험을 향상할 수 있습니다.

- **언어 처리:** 자연어 처리에 사용해 자연어 인터페이스 소프트웨어 개발에 활용할 수 있습니다.

- **예측 분석:** 미래의 트렌드, 버그, 주의가 필요한 영역을 예측합니다.

- **AI 기반 검색:** 관련성 있는 코드 스니펫, 라이브러리, 도구를 검색해 개발자에게 추천합니다.

이 책에서는 목록의 처음 두 항목인 '코드 생성'과 '테스트 자동화'에 초점을 맞춥니다. 두 항목이 오늘날의 소프트웨어 개발과 가장 관련이 크기 때문입니다.

1.2 AI 도구의 한계

AI 도구는 다음과 같은 한계가 있습니다.

- **문맥에 대한 이해 부족**: 코드가 작성된 문맥을 완전히 이해하지 못할 수 있습니다. 이는 오류나 불일치를 일으키기도 합니다.

- **창의성 부족**: 작동하는 코드나 디자인을 생성할 수는 있지만 인간 개발자와 달리 창의성이 부족할 수 있습니다.

- **복잡도 처리 능력 부족**: 변수가 많고 상호 의존성이 많은 복잡한 코드나 디자인은 잘 처리하지 못할 수 있습니다.

- **산업 표준과 모범 사례에 대한 이해 부족**: 특정 산업이나 분야의 모범 사례와 표준을 인지하지 못할 수 있어 최적이 아닌 결과를 내기도 합니다.

- **유연성 부족**: 변화하는 요구 사항이나 예상치 못한 상황에 인간 개발자만큼 대처하지 못할 수 있습니다.

- **비정형 데이터 처리 능력 부족**: 정리되지 않았거나 특정 포맷에 들어맞지 않는 데이터는 잘 처리하지 못할 수 있습니다.

- **일반화 능력 부족**: 샘플로부터 일반화하기 어려울 수 있고 명시적으로 훈련되지 않은 상황에는 잘 작동하지 않을 수 있습니다.

- **데이터 편향**: 훈련 데이터가 다양성과 대표성이 부족한 경우에 인간의 편향을 고착화할 수 있습니다.

- **대량의 데이터에 대한 의존성**: 종종 훈련에 대량의 데이터가 필요합니다. 대량의 데이터는 획득하고 처리하기가 쉽지 않습니다.

- **설명 가능성 부족**: AI 모델은 투명하지 않으므로 특정 결정이나 출력에 어떻게 도달했는지 이해하기 어렵습니다(곧 보겠지만 이 점에 챗GPT가 유용합니다).

1.3 AI 도구 사용에 관한 논란

개발자가 AI 도구를 사용해야 할까요? 이 질문에 대해 확실하게 '아니요'라고 생각하는 분들도 있으니 이 논란부터 우선 정리해봅시다.

코파일럿은 깃허브 코드로 훈련되기에 잘못된 코딩 관행과 보안 취약점이 전파될 수 있다는 문제가 있습니다. 코드베이스를 통해 다른 개발자들의 관행과 패턴을 학습하므로 거기에 존재하는 잘못된 코딩 관행이나 보안 취약점을 의도치 않게 학습하고 조장할 수 있습니다. 그러면 개발자는 모르는 사이에 이런 문제를 자신의 코드에 통합하게 되고, 이는 보안이나 다른 문제를 야기할 수 있습니다.

코파일럿 때문에 개발자들이 코드베이스에 대한 이해와 지식의 중요성을 잊을 수 있다는 잠재적인 문제도 있습니다. 개발자가 코파일럿의 코드 제안에 너무 의존하게 되어 자신이 작업하고 있는 코드를 이해하는 데 시간을 들이지 않을 수 있습니다. 따라서 코드베이스를 충분히 이해하지 못해 이후의 유지 관리나 문제 해결이 어려워질 수 있죠.

또한 개인 정보 보호와 데이터 보안에 관한 우려가 있습니다. 앞서 언급했듯 코파일럿은 깃허브 코드베이스로 학습하므로 개발자들이 작성한 코드를 분석하고 학습하면서 사용자 이름, 패스워드, 기타 개인 정보 같은 민감한 데이터를 수집하고 분석할 수도 있습니다.

1.3.1 라이선스 문제

더 큰 비판과 논란은 AI 모델 훈련에 사용하는 데이터의 라이선스 문제에서 비롯됩니다. 적절한 허가나 라이선스 없이 코드를 사용하면 법적인 문제로 연결될 수도 있기 때문입니다. 구체적으로 다음과 같은 문제가 있습니다.

- 저작권으로 보호된 데이터를 AI 모델 훈련에 사용하는 경우, 저작권 위반에 해당합니다.
- 누군가의 기업비밀인 데이터를 AI 모델 훈련에 사용하는 경우, 기업비밀 위반에 해당합니다.

- 개인 정보를 포함하는 데이터를 AI 모델 훈련에 사용하는 경우, 적절한 사용 허가를 받지 않거나 익명으로 처리하지 않는다면 개인 정보 보호법 위반에 해당합니다.
- 라이선스나 계약이 적용된 데이터를 AI 모델 훈련에 사용하는 경우, 이를 위반하는 방식으로 사용하면 법적인 문제로 이어질 수 있습니다.

개발자와 조직은 이런 문제를 인식하고 AI 모델 훈련에 사용하는 모든 데이터에 대해 적절한 허가와 라이선스를 얻어야 합니다. 여기에는 오픈 소스 데이터 셋의 라이선스를 얻거나 독점 데이터를 사용하기 위해 데이터 제공자와 합의하는 것이 포함됩니다.

라이선스를 준수하지 않는다면

AI의 도움을 받아 소프트웨어를 개발할 때는 AI 모델 훈련에 사용된 코드의 오픈 소스 라이선스를 고려하는 것이 중요합니다. 오픈 소스 라이선스는 라이선스가 적용되는 코드를 사용, 수정, 배포하는 방법을 명시한 계약입니다. 오픈 소스 라이선스마다 이용 약관이 다르므로 AI 훈련에 사용된 모든 코드의 라이선스를 주의 깊게 검토해야 합니다. 적절한 권한을 얻고, 원저자를 인용하며, 필요시 요청에 따라 코드를 수정하는 일이 포함됩니다. 약관을 준수하지 않으면 저작권 위반으로 소송을 당하는 등 법적 문제로 이어질 수 있습니다.

구체적인 예를 들어보겠습니다. 필자는 모바일 앱을 만들 때 임의의 크기의 카드 덱을 생성하는 알고리즘을 찾아서 사용한 적이 있습니다(코파일럿은 사용하지 않았습니다). 깃허브에서 찾은 이 자바스크립트 코드에는 'GPL 라이선스'라고 명확히 표시돼 있습니다. 필자가 알기로는(변호사는 아닙니다만) 코드에 이 알고리즘을 사용해도 되며 심지어 앱을 판매해도 된다는 뜻입니다. 하지만 소스 코드에 GPL 고지를 포함하고 동일하게 GPL 라이선스로 배포해야 한다는 조건이 있습니다.

코파일럿이 이 알고리즘을 제안한다면 어떨까요? 필자가 이 알고리즘이 어떤 라이선스인지 인지하지 못한 채 다른 라이선스로 앱을 제공하면 어떻게 될까요? 법적으로 원본 알고리즘의 GPL을 위반하게 될까요? 만약 그렇다면 필자나 필자의 회사는 어떤 위험에 처할까요? 안타깝게도 이에 대한 답은 법정에서 정해질 겁니다. 이 글을 쓰는 시점에도 코파일럿이 라이선스가 있는 코드를 제안한 건에 관해 최소 하나의 소송이 계류 중입니다.

1.3.2 윤리적 고려 사항

소프트웨어 개발에 AI를 사용할 때 고려해야 할 윤리는 무엇일까요? 소프트웨어 작성에 AI를 사용하는 것이 윤리적일까요? 개발자나 회사가 해당 소프트웨어의 진짜 저작권을 주장할 수 있을까요? 이상한 질문 같겠지만 챗GPT에게 한번 물어봅시다. 이런 답변이 나오네요.

> 개발자와 회사가 개발 과정에서 AI의 역할을 투명하게 공개하고 AI의 기여를 적절하게 인정한다면, 소프트웨어 개발에 AI를 사용하는 것은 일반적으로 윤리적인 사용으로 간주됩니다. 개발자나 회사가 소프트웨어의 저작권을 주장할 수 있지만, 개발 과정에 사용된 AI의 기여도 인정해야 합니다. 또한 소프트웨어 개발에 사용되는 모든 AI 모델이 윤리적으로 얻어진 데이터로 훈련되며 편향을 고착시키지 않도록 하는 것이 중요합니다.

이어서, 인식해야 할 윤리적 고려 사항이 더 있을지 물어봅시다.

첫째, 공정성과 편향의 문제가 있습니다. AI 시스템이 편향된 데이터를 기반으로 결정을 내리지 않게 하는 것이 중요합니다. 특정 개인이나 그룹이 불공평한 취급을 받을 수 있기 때문입니다. 또한 책임의 문제가 있습니다. AI 시스템이 저지른 오류나 실수에 대한 책임이 누구에게 있는지 고려하고 이러한 오류가 발생하지 않도록 적절한 보호 장치가 마련돼 있는지 확인하는 것이 중요합니다. 마지막으로 개인 정보 보호 문제가 있습니다. 사용자의 개인 데이터가 프라이버시가 존중되고 관련 법률 및 규정을 준수하는 방식으로 수집, 사용 및 저장되도록 하는 것이 중요합니다.

1.4 책에서 사용할 AI 도구

수많은 AI 도구 중에서도 깃허브 코파일럿과 오픈AI의 챗GPT가 가장 영향력과 시장 점유율이 높습니다. 이 책에서는 그 둘에 초점을 맞춥니다.

1.4.1 깃허브 코파일럿

코파일럿은 깃허브에서 개발한 AI 기반 코딩 어시스턴트입니다. 개발자가 코드를 입력할 때 코파일럿이 나머지 부분을 제안해 더 효율적이고 효과적으로 프로그래밍하도록 돕습니다. 코파일럿은 머신러닝을 사용해 개발자의 코드를 이해하고 저장소의 구조와 작업 파일의 내용을 고려해 문맥을 기반으로 코드의 완성 형태를 제안합니다. 개발자의 작업 코드 문맥을 기반으로 변수, 함수 등의 완성 형태를 제안하는 것이죠.

코파일럿을 사용해 코드 스니펫을 생성하고, 함수 호출과 매개변수를 완성하고, 변수와 함수 이름을 제안받을 수 있습니다. 파이썬, 자바스크립트, Go 등 여러 프로그래밍 언어를 사용할 수 있으며 VS코드, 아톰, 서브라임 텍스트 같은 인기 있는 코드 편집기에 설치할 수 있습니다. 이 책에서는 VS코드에서 코파일럿을 사용해봅니다.

코파일럿의 주요 기능 중 하나는 개발자의 의도를 이해하는 것입니다. 즉 개발자가 해결하려는 문제를 이해하고 그에 따라 코드 스니펫을 제안합니다. 예를 들어 개발자가 숫자의 리스트를 정렬하는 함수를 만들려고 하면 코파일럿은 그 의도를 파악하고 정렬 알고리즘을 제안할 겁니다. 필자는 자바스크립트의 리듀서reducer를 쓰는 작업에 코파일럿을 많이 활용했습니다.

코파일럿이 여러 가지 선택지를 제안할 때도 있습니다. 처음 제안받은 코드가 만족스럽지 않다면 다른 제안을 살펴볼 수 있죠. 맥OS에서는 ⸤Opt⸥ + ⸤]⸥(다음 제안 보기)와 ⸤Opt⸥ + ⸤[⸥(이전 제안 보기)를, 윈도우와 리눅스에서는 ⸤Alt⸥ + ⸤]⸥(다음 제안 보기)와 ⸤Alt⸥ + ⸤[⸥(이전 제안 보기)를 눌러 확인할 수 있습니다.

코파일럿의 또 다른 중요한 기능은 개발자의 코드베이스로부터 학습하는 능력입니다. 개발자가 코드를 작성하는 과정에서 코파일럿이 그 코딩 스타일을 학습하고, 이 정보를 사용해 더 정확하고 적절한 제안을 제공합니다. 즉 개발자가 코파일럿을 더 많이 사용할수록 코파일럿은 코딩 스타일을 더 많이 이해하고, 따라서 더 개선된 제안을 하게 됩니다.

코파일럿은 깃허브의 광범위한 코드베이스를 사용해 다른 개발자들의 모범 사례와 패턴을 학습합니다. 오픈 소스 코드베이스와 더불어 사용자가 속한 팀에서 작성한 코드로 학습해 커뮤니티의 모범 사례에 부합하는 제안을 제공합니다.

깃허브 코파일럿 시작하기

코파일럿을 사용하려면 `https://github.com/features/copilot`에서 가입해야 합니다. 베타 버전일 때는 무료로 사용할 수 있었지만 공식 릴리스된 코파일럿은 라이선스가 필요합니다(학생이나 오픈 소스 메인테이너는 승인 후 무료로 사용할 수 있습니다). 이 글을 쓰는 시점에 연 이용료는 개발자당 100달러입니다. 이 책의 내용을 따라 해보고 싶다면 유료로 구독하기 전에 30일 무료 체험판을 사용해봐도 좋습니다.

1.4.2 챗GPT

챗GPT는 오픈AI에서 개발한 언어 모델입니다. GPT^{Generative Pre-trained Transformer} 모델의 변종으로 대량의 인터넷 텍스트 데이터로 훈련해 사람이 만드는 것과 비슷한 텍스트를 생성합니다. GPT 모델은 언어 번역, 텍스트 요약, 대화 같은 특정 작업을 위해 미세 튜닝됩니다. 자연어 입력을 이해하고 응답하는 능력을 지닌 챗GPT는 챗봇, 가상 어시스턴트, 언어 기반 게임 같은 다양한 애플리케이션에 사용할 수 있습니다.

그뿐 아니라 챗GPT를 사용해 작동 가능한 컴퓨터 코드를 여러 언어로 생성할 수도 있습니다. 강력한 언어 생성 모델인 챗GPT를 소프트웨어 개발에 활용하는 방법은 다음과 같습니다.

- **코드 생성**: 일련의 입력과 요구 사항을 기반으로 코드 스니펫을 생성하고 심지어 함수를 완성하기도 합니다. 이는 개발 과정의 속도를 높이고 오류를 줄일 수 있습니다.
- **텍스트 생성**: 주석, 문서, 커밋 메시지를 생성합니다. 이는 개발 시간을 절약하고 코드 가독성을 높일 수 있습니다.
- **테스트 케이스 생성**: 테스트 케이스와 테스트 스크립트를 생성합니다. 이는 개발 시간을 절약하고 소프트웨어 품질을 높일 수 있습니다.

챗GPT 시작하기

챗GPT를 사용하려면 오픈AI API 계정에 가입해야 합니다. https://chat.openai.com/chat에서 가입할 수 있습니다. 이미 계정이 있다면 해당 링크에서 로그인하고, 그렇지 않다면 새로 계정을 만듭시다.

이 글을 쓰는 시점에는 무료 서비스와 유료 서비스가 각각 제공됩니다. 무료 서비스는 종종 서버가 포화돼 사용하기 어려울 수 있습니다.

유료 서비스인 챗GPT 플러스는 월 이용료가 20달러입니다. 오픈AI는 또 다른 서비스들에 대한 계획도 발표했는데, 대기자 목록에 등록하면 추가 정보를 얻을 수 있습니다.

1.4.3 깃허브 코파일럿과 챗GPT

코파일럿과 챗GPT는 소프트웨어 개발자의 작업을 돕도록 설계된 AI 기반 도구입니다. 두 도구 모두 머신러닝 알고리즘을 사용해 지능적인 제안과 지원을 제공하지만 각각 개발 과정의 서로 다른 측면을 위해 만들어졌습니다.

주요 차이점 한 가지는 '어디에 초점을 두는가'입니다. 코파일럿은 코드 완성과 제안에, 챗GPT는 자연어 처리에 초점을 둡니다. 코파일럿을 사용하면 주로 코드 스니펫을 생성할 수 있고 챗GPT를 사용하면 텍스트 응답이나 코드를 생성할 수 있습니다.

또 다른 차이점은 도구를 사용하는 방식입니다. 코파일럿은 개발 환경에 통합돼 프로젝트 안에서 바로 사용할 수 있으며 챗GPT는 이름에서도 알 수 있듯 채팅과 유사한 인터페이스로 사용합니다. 그래서 개발자가 챗GPT로 코드를 생성할 때는 좀 더 서술하고 설명하게 되는 경향이 있죠.

이 책에서는 코파일럿과 챗GPT를 여러 상황에 직접 사용해보며 각각을 적절한 상황에 가장 효과적으로 사용하는 방법을 알아봅니다.

2장 셸 스크립팅 명령

▶ 이미지 출처: 픽사베이(cocoandwifi)

셸 스크립팅은 컴퓨터에서 작업을 효율적으로 관리하고 자동화하려면 반드시 갖춰야 할 기본 스킬입니다. 이 장에서는 코파일럿과 챗GPT가 셸 스크립팅을 어떻게 처리하는지 살펴봅니다. 필자는 배시bash 등의 셸에서 기호(~|&||&&$!`()?)가 무엇을 의미하며 어떻게 사용되는지에 관해 글[1]을 쓴 적이 있습니다. 코파일럿과 챗GPT가 간단한 주석 입력만으로 이러한 유형의 명령을 제공할 수 있을까요? 계속 읽어가면서 알아봅시다.

---

1   https://medium.com/ngconf/what-the-7a1f484c847d

2.1 VS코드로 시작하기

코파일럿은 코드 편집기의 콘텍스트에서만 작동합니다. 챗GPT 같은 대화형 인터페이스가 없습니다. 따라서 코파일럿을 테스트하기 위해 가장 먼저 할 일은 VS코드에서 빈 파일을 만드는 것입니다. 셸 스크립팅 코드가 포함돼 있음을 나타내기 위해 파일 맨 위에 명령줄 셔뱅^{shebang}을 추가합니다.

```
#!/bin/bash
```

다음으로 코파일럿이 무엇을 써줄지 알아보기 위해 다음 주석을 추가합니다.

```
# Check for a directory and print a message if it doesn't exist
```
한글 디렉터리를 확인하고 존재하지 않으면 메시지를 출력하기

놀랍게도 아무것도 하지 않네요. 어쩌면 코파일럿이 셸 스크립팅에 관해 아는 것이 없어서 이 실험이 빨리 끝날 수도 있겠군요. 그런데 한 방 맞았습니다. 셔뱅으로는 힌트를 얻지 못했지만 아마도 파일 확장자에서 힌트를 얻은 모양입니다. 파일을 copilot.sh로 저장하고 다시 시도하니 이번에는 코파일럿이 몇 가지 코드를 줍니다.

```
if [ ! -d /home/username/Downloads ]; then
    echo "디렉터리 /home/username/Downloads는 존재하지 않습니다"
fi
```

필자가 기대한 것과는 다르지만 주석에 씌어진 것을 구현하네요.

2.1.1 파일 형식

앞서 언급했듯이 코파일럿은 코드를 작성하기 전에 작성하려는 파일의 종류를 알아야 합니다. 그런데 추가 실험을 해보니 코파일럿이 파일 형식을 이해하게 만든 것은 파일 확장자가 아니었습니다. 대신 VS코드 자체였습니다. .sh 확장자로 파일을 저장하면 VS코드가 이것이 셸 스크립트 파일임을 알게 됩니다.

Ln 1, Col 1   Spaces: 2   UTF-8   LF   Plain Text

파일 확장자는 VS코드가 판단하는 파일 유형보다는 덜 중요합니다. 대부분의 경우 VS코드는 자동으로 올바르게 판단하죠. 그렇지 않은 경우에는 하단 상태 표시줄에서 'Plain Text'(일반 텍스트)라는 문구를 클릭해서 변경할 수 있습니다. 페이지 상단에 메뉴가 나타나 파일 형식을 수동으로 선택할 수 있습니다.

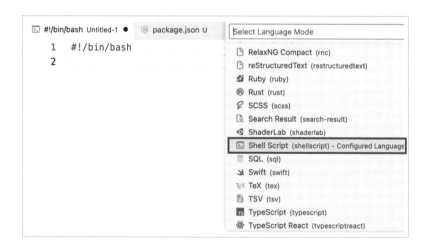

필자의 경우에는 .sh로 파일을 저장하니 파일 종류가 올바르게 인식되기는 했습니다. 셔뱅 줄을 추가해 제대로 인식되는 경우도 있습니다. 항상 정확하게 되지는 않으므로 파일 타입이 제대로 인식됐는지 직접 확인하기 바랍니다.

```
Ln 2, Col 1    Spaces: 2    UTF-8    LF    Shell Script
```

기억해야 할 점은 코파일럿은 확장자가 아닌 해당 파일의 형식에만 관심이 있다는 것입니다.

2.1.2 챗GPT는 어떨까요?

앞서 살펴본 작업에는 대화형인 챗GPT가 더 적절합니다. 동일한 프롬프트에 챗GPT는 다음과 같이 응답합니다.

Check for a directory and print a message if it doesn't exist.
한글 디렉터리를 확인해서 존재하지 않으면 메시지를 출력하세요.

디렉터리가 있는지 확인하려면 test 명령(또는 [이나 [[)을 사용하세요. 디렉터리가 없다면 echo 명령을 사용해 메시지를 출력합니다. 다음은 예시 코드입니다.

```
if test ! -d /path/to/directory; then
  echo "디렉터리가 존재하지 않습니다"
fi
```

또는 if [! -d "/path/to/directory"]; then 명령을 동일한 echo 명령과 함께 실행합니다.

또 다른 방법은 `if [[ ! -d "/path/to/directory" ]]; then`을 사용하는 것입니다.

두 도구의 결과에는 명확한 차이가 보이네요. 챗GPT는 단순히 코드를 제공하는 것에 그치지 않고 설명을 함께 보여줍니다. 앞으로 보겠지만 이는 코파일럿보다 챗GPT를 사용할 때 상당한 이점이 됩니다.

2.2 find 명령

다음으로는 홈 디렉터리 아래에 있는 PDF 파일을 모두 찾아봅니다. 필자는 보통 `find` 명령을 사용합니다. 코파일럿도 `find` 명령을 제안할까요? 다음과 같은 주석을 입력합니다.

```
# Find all PDF files in my home directory and print the path to each one
```
한글 나의 홈 디렉터리에 있는 PDF 파일을 모두 찾아 각각의 경로를 출력하기

`Enter` 키를 눌러도 아무 일도 일어나지 않네요. 몇 번 더 시도해봐도 코파일럿은 아무 제안도 하지 않습니다. 힌트를 하나 줘볼까요? 주석 바로 아래 줄에 `find`라고 쳐봅니다. 그러자 코파일럿이 벌떡 살아나더니 코드를 다음과 같이 완성할 것을 제안합니다.

```
find /home/username -name "*.pdf" -print
```

조금 아쉽네요. 홈 디렉터리가 `/home/username`이 아니라면 명령은 작동하지

않을 테니까요. 그런데 다시 잘 생각해보면 코파일럿이 어려운 부분을 해결해 준 것입니다. `find` 명령의 구문은 정확합니다. 홈 디렉터리 부분만 수정하면 되죠.

실은, 힌트를 `find ~`로 바꿨더니 더 이상의 도움 없이 정답을 제공했습니다. 참고로 ~는 '나의 계정의 홈 디렉터리'를 의미하는 셸 단축 표현입니다.

챗GPT에도 같은 프롬프트를 입력해봅시다. 두 가지 선택지를 제공하는군요.

> Find all PDF files in my home directory and print the path to each one.
>
> **한글** 나의 홈 디렉터리에 있는 PDF 파일을 모두 찾아 각각의 경로를 출력하세요.

find 명령을 사용해 홈 디렉터리에 있는 PDF 파일을 모두 검색해 각각의 경로를 출력할 수 있습니다. 예를 들면 다음과 같습니다.

```
find ~ -name "*.pdf" -print
```

이 명령은 홈 디렉터리(~)에서 .pdf로 끝나는 파일을 모두 검색해 각 파일의 경로를 출력합니다.

다른 방법으로는 ls 명령을 와일드카드와 함께 사용할 수 있습니다.

```
ls ~/ -R | grep .pdf$
```

이렇게 하면 홈 디렉터리에 있는 파일을 모두 재귀적으로 나열해 확장자가 .pdf인 파일만 필터링합니다.

기대한 대로 챗GPT가 코파일럿보다 훨씬 잘됩니다. 앞선 예처럼 명령만이 아니라 설명도 함께 제공해주니 좋네요. 셸 스크립팅을 배우는 데도 이 방법이 더 좋을 겁니다.

2.3 백그라운드 작업

이번에는 초심자가 종종 실수하는 기호 사용법을 AI가 알고 있는지 확인해봅시다. '보다 큼'을 나타내는 기호(>)는 출력을 리디렉션할 때 사용하고 앰퍼샌드 기호(&)는 백그라운드에서 명령을 실행할 때 사용한다는 것을 AI가 알고 있을까요?

주석을 다음과 같이 바꾸고 이전과 같이 `find ~`를 힌트로 줍니다.

```
# Find all PDF files below my home folder and write the results to a file
called pdfs.txt in the background
```
한글 나의 홈 폴더 아래에서 PDF 파일을 모두 찾아 그 결과를 백그라운드 작업으로 pdfs.txt 파일에 쓰기

```
find ~ -name "*.pdf" > pdfs.txt &
```

`-print` 옵션을 빠뜨린 것처럼 보이지만 실은 아주 정확합니다. `find` 명령에서 `-print` 옵션은 기본 설정이거든요.

앞선 예들과 마찬가지로 챗GPT는 다양한 선택지를 제시하며 충분한 설명도 함께 제공합니다.

Find all PDF files below my home folder and write the results to a file called pdfs.txt in the background.

한글 나의 홈 폴더 아래에서 PDF 파일을 모두 찾아 그 결과를 백그라운드 작업으로 pdfs.txt 파일에 씁니다.

find 명령을 사용해 홈 디렉터리 아래에 있는 PDF 파일을 모두 검색할 수 있습니다. tee 명령을 사용해 백그라운드에서 PDFs.txt 파일에 결과를 기록합니다. 예를 들면 다음과 같습니다.

```
find ~ -name "*.pdf" -print | tee pdfs.txt &
```

이 명령은 홈 디렉터리와 서브디렉터리에서 .pdf로 시작하는 파일을 모두 검색하고 각 파일의 경로를 출력합니다. 출력은 tee 명령으로 전달되고, 이 명령은 현재 디렉터리에 pdfs.txt 파일에 저장됩니다. 끝에 있는 &가 명령을 백그라운드에서 실행시키므로 터미널을 계속 사용할 수 있습니다.

또는 ls 명령을 와일드카드와 함께 사용할 수 있습니다.

```
ls ~/ -R | grep .pdf$ >> pdfs.txt &
```

이 명령은 홈 디렉터리와 서브디렉터리의 모든 파일을 재귀적으로 나열합니다. 그리고 확장자가 .pdf인 파일만 필터링해 pdfs.txt에 적어넣습니다. 끝에 있는 &는 명령을 백그라운드에서 실행합니다.

필자는 tee 명령에 대해서는 까맣게 잊고 있었습니다. ls 명령을 사용해 grep과 간단한 정규 표현식만으로 .pdf로 끝나는 파일을 찾을 수 있다는 것도 인상적이네요. 또한 pdfs.txt 파일이 이미 존재한다면 거기에 적어넣는다고 가정하는군요. 필자가 요청한 것과는 약간 다르지만 사실상 챗GPT는 더 많은 것을 제공했습니다.

2.4 출력 파이프

다음으로 한 명령의 출력을 다른 명령의 입력으로 사용하는 방법을 알고 있는지 확인해봅시다. AI가 직전에 생성한 명령을 인지하고 있는지도 궁금하네요.

코파일럿에 입력한 주석과 그에 따라 생성된 명령은 다음과 같습니다.

```
# Count the number of PDF files in my home folder in the background and
print the result.
```
한글 나의 홈 폴더에 있는 PDF 파일의 개수를 백그라운드 작업으로 세어 출력하기
```
find ~ -name "*.pdf" | wc -l &
```

직전 명령에서 만든 파일을 사용하기를 기대했지만 그렇지는 않네요. 하지만
필자가 `find ~`를 선호한다는 것을 기억하는군요. 챗GPT는 또다시 여러 선택
지를 제공합니다.

> Count the number of PDF files in my home folder in the background
> and print the result.
>
> **한글** 나의 홈 폴더에 있는 PDF 파일의 개수를 백그라운드 작업으로 세어 출력합
> 니다.

`find` 명령을 사용해 홈 디렉터리에 있는 PDF 파일을 모두 검색합니다. 그리
고 `wc` 명령을 사용해 파일 개수를 세고 결과를 출력합니다. 예를 들면 다음과
같습니다.

```
find ~ -name "*.pdf" -print | wc -l > count.txt &
```

이 명령은 홈 디렉터리와 서브디렉터리에서 `.pdf`로 끝나는 파일을 모두 검
색하고 각 파일의 경로를 출력합니다. 출력은 `wc` 명령으로 연결되고 `-l` 옵션
을 사용해서 줄 수를 세어 출력을 현재 디렉터리에 `count.txt` 파일로 리디렉
션합니다. 끝에 `&`를 붙이면 명령을 백그라운드에서 실행하므로 터미널을 계속
사용할 수 있습니다.

또는 `ls` 명령을 와일드카드와 함께 사용할 수 있습니다.

```
ls -R ~/ | grep .pdf$ | wc -l > count.txt &
```

> 이렇게 하면 홈 디렉터리와 하위 디렉터리의 모든 파일을 재귀적으로 나열해서, 확장자가 .pdf 파일만을 필터링하고, 출력을 wc 명령으로 보내서 -l 옵션을 사용해 줄 수를 계산해, 출력을 현재 디렉터리에 있는 count.txt라는 파일로 리디렉션합니다. 끝에 있는 &는 명령을 백그라운드에서 실행합니다.

이 시점에서 필자는 명령줄에 코파일럿의 도움을 받는 것이 합리적일지 궁금해졌습니다. 이 장의 나머지 부분에서도 계속 같은 생각을 했죠.

2.5 오류를 무시하도록 리디렉션하기

대부분의 사람들은 > 문자를 사용해 명령 출력을 파일로 리디렉션하는 방법을 알고 있습니다. 명령에 오류가 발생하면 터미널에 계속 표시되므로 백그라운드에서 명령을 실행할 때 혼란스러울 수 있습니다.

필자는 오류를 /dev/null이라는 특수 파일로 리디렉션하면 오류가 완전히 무시된다는 것을 알고 있죠. 그런데 좀처럼 그 구문을 기억할 수 없습니다. 그렇게 복잡하지 않은데 왜인지 모르겠습니다. 필자의 이상한 사각지대 중 하나인 것 같아요.

다행히 코파일럿은 그 방법을 정확히 알고 있습니다. 어떤 결과를 줄지, 앞서 해봤던 것들을 조합해서 시도해봤습니다. 첫 번째 시도에서 정답을 맞히네요.

```
# Find all the PDF files below my home folder, in the background, ignoring
errors, and write the output to a file
```
[한글] 나의 홈 폴더 아래에 있는 PDF 파일들을 백그라운드 작업으로 모두 찾아, 오류를 무시하고 출력을 파일에 쓰기
```
find ~ -name "*.pdf" > pdfs.txt 2> /dev/null &
```

챗GPT의 진짜 멋진 점은 지난 대화 내용을 기억한다는 것입니다. 한번 확인해볼까요? 프롬프트를 바꿔서 간단히 이렇게 물어봅시다.

Rewrite the last command to ignore any errors.

한글 오류를 무시할 수 있도록 직전 명령을 다시 써주세요.

함께 나오는 설명은 위에서 본 것과 거의 같으므로 생략하고 명령만 봅시다. 이번에도 두 가지 선택지를 주네요.

선택지 1 – find

```
find ~ -name "*.pdf" -print 2> /dev/null | wc -l > count.txt &
```

선택지 2 – ls

```
ls -R ~/ 2> /dev/null | grep .pdf$ | wc -l > count.txt &
```

2.6 시스템 관리하기

필자는 코파일럿과 챗GPT가 사용자를 만들고 그룹에 추가하는 등의 일반적인 시스템 관리 작업에 도움이 되는지 궁금해졌습니다. 하나씩 살펴봅시다.

2.6.1 새로운 사용자 계정 추가하기

간단한 것부터 시작합시다. 코파일럿에 다음 주석을 입력해 새로운 사용자 계정을 만들어달라고 요청합니다.

```
# Create a new user account
한글 새로운 사용자 계정 만들기
sudo adduser username
```

맥에서는 실행되지 않습니다. 리눅스에서는 될 수도 있겠지만요. 다른 주석을 시도해봅시다.

```
# Create a new user account on macOS
한글 맥OS에서 새로운 사용자 계정 만들기
dscl . -create /Users/username
```

실행해보니 권한 오류가 발생하네요. sudo를 붙여서 다시 시도해보니 된 것 같기는 한데 확실치는 않군요. /Users/username 폴더가 존재하지 않으며 제어판의 사용자 목록에 해당 이름이 나타나지 않습니다. 여전히 뭔가가 빠진 모양입니다. 이 예에서는 코파일럿이 도움이 되기보다 실망스럽군요.

챗GPT를 한번 볼까요? 다시 한번 자신을 능가하면서 더 자세한 설명을 제공하네요.

 Create a new user account on macOS.

한글 맥OS에서 새로운 사용자 계정을 만듭니다.

맥OS에서 새로운 사용자 계정을 만들려면 dscl(Directory Service command line utility) 명령을 사용합니다. 다음은 "newpassword"를 패스워드로 사용해 "newuser"라는 새로운 사용자 계정을 만드는 방법의 예입니다.

```
sudo dscl . -create /Users/newuser
sudo dscl . -create /Users/newuser UserShell /bin/bash
sudo dscl . -create /Users/newuser RealName "New User"
sudo dscl . -create /Users/newuser UniqueID "501"
sudo dscl . -create /Users/newuser PrimaryGroupID 20
sudo dscl . -create /Users/newuser NFSHomeDirectory /Users/newuser
sudo dscl . -passwd /Users/newuser newpassword
```

이렇게 하면 계정이 생성되고, 셸이 /bin/bash로 설정되고, RealName, UniqueID, PrimaryGroupID 및 홈 디렉터리가 설정되고, 암호가 설정됩니다.

또는 sysadminctl 명령을 사용해 새로운 사용자 계정을 만들고 패스워드를 설정할 수 있습니다. 예를 들면 다음과 같습니다.

```
sudo sysadminctl -addUser newuser -fullName "New User"
  -password newpassword -admin
```

이렇게 하면 사용자 이름 "newuser", 실제 이름 "New User", 패스워드 "newpassword" 및 관리자 권한이 있는 계정이 생성됩니다.

또는 GUI를 이용해 시스템 환경설정 〉 사용자 및 그룹 〉 잠금 아이콘을 클릭해 잠금 해제 〉 "+"를 눌러서 새로운 사용자를 추가할 수도 있습니다.

이러한 명령에는 관리자 권한이 필요하므로 주의해서 사용해야 합니다.

두 번째 명령을 맥에서 시도하니 완벽하게 작동하네요. 여기서는 챗GPT가 가볍게 이겼습니다.

2.6.2 기존 사용자를 관리자로 만들기

다음으로는 기존 사용자를 관리자로 만드는 명령을 요청합니다. 먼저 코파일
럿의 결과를 봅시다.

```
# Make user 'michael' a local administrator
```
한글 사용자 'michael'을 로컬 관리자로 만들기
```
sudo dseditgroup -o edit -a michael -t user admin
```

솔직히 이것이 작동할지 확신할 수는 없지만 맞는 것 같습니다. 이번에도 코파
일럿이 도움이 되는지 아니면 실망스러운지 모르겠네요.

챗GPT는 이번에도 몇 가지 선택지를 제공합니다. 그중 두 번째는 코파일럿의
제안과 일치하는군요.

Make user 'michael' a local administrator.

한글 사용자 'michael'을 로컬 관리자로 만듭니다.

맥OS에서 사용자 "michael"을 로컬 관리자로 만들려면 dscl(Directory
Service command line utility) 명령을 사용합니다. 다음은 사용자
"michael"을 로컬 관리자로 만드는 방법에 대한 예입니다.

```
sudo dscl . -append /Groups/admin GroupMembership michael
```

이 명령은 사용자 "michael"을 "admin" 그룹에 추가합니다. "admin" 그룹
의 구성원은 시스템에 대한 관리 권한을 갖습니다.

또는 `dseditgroup` 명령을 사용해 "admin" 그룹에 사용자를 추가할 수 있습니다. 예를 들면 다음과 같습니다.

```
sudo dseditgroup -o edit -a michael -t user admin
```

이 명령은 사용자 "michael"을 "admin" 그룹에 추가합니다.

또는 GUI를 이용해 시스템 환경설정 〉 사용자 및 그룹 〉 잠금 아이콘을 클릭해 잠금 해제 〉 변경하려는 사용자를 오른쪽 클릭 〉 "고급 옵션" 선택 〉 "계정 유형"을 "관리자"로 변경합니다.

이러한 명령들에는 관리자 권한이 필요하므로 주의해서 사용해야 합니다.

2.6.3 파일 백업하기

rsync를 사용해서 한 시스템에서 다른 시스템으로 파일을 백업해본 적이 있나요? 없다고요? 물론 없겠죠. 그렇게 하는 사람은 없으니까요(혹시 있을 수도 있지만). 구문을 기억하기 어렵거든요. 이것이 드롭박스 같은 서비스가 존재하는 이유입니다. 어쩌면 코파일럿은 구문을 알고 있을지 모릅니다.

```
# Sync my home folder to a remote server
```
한글 나의 홈 폴더를 원격 서버에 동기화하기
```
rsync -avz --delete ~/ username@server:/home/username
```

이전과 동일한 경로명 문제가 있지만 마찬가지로 간단히 찾아서 고치면 됩니다. 다만 매개변수들이 정확한지는 쉽게 판단하기 어렵습니다. 맥에서 man rsync로 해당 명령어의 온라인 매뉴얼을 좀 읽어보니, 소스 폴더를 대상 컴퓨터에 동기화하려는 것을 정확히 수행할 수 있는 듯하네요.

--delete 매개변수는 소스에는 없고 대상 컴퓨터에는 있는 모든 파일을 삭제합니다. 로컬에서 삭제했을 수도 있는 파일을 대상 컴퓨터에 유지하면서 모든 것을 복사하고 싶다면 이 매개변수를 생략합니다.

챗GPT는 네 가지를 제안합니다. 첫 번째가 rsync이네요. 필자가 다음으로 물어보려던 scp 또한 제안합니다.

Sync my home folder to a remote server.
한글 나의 홈 폴더를 원격 서버에 동기화합니다.

홈 폴더를 맥OS의 원격 서버에 동기화하는 방법에는 여러 가지가 있습니다. 다음은 몇 가지 선택지입니다.

rsync: 이 명령줄 도구를 사용해 두 위치 간에 파일과 디렉터리를 동기화할 수 있습니다. 다음은 rsync를 사용해 홈 폴더를 원격 서버에 동기화하는 방법의 예입니다.

```
rsync -avz -e ssh ~/
  username@remote-server:/path/to/remote/folder/
```

이 명령은 홈 폴더의 모든 파일과 디렉터리를 지정된 원격 서버에 동기화합니다. -a 옵션은 파일 권한 및 소유권을 유지하도록 rsync에 지시하고, -v 옵션은 자세한 출력을 제공하며, -z 옵션은 압축을 사용해 전송 속도를 높입니다. -e 옵션은 사용할 원격 셸을 지정합니다. 이 경우에는 ssh입니다.

scp: 이 명령줄 도구를 사용해 로컬 컴퓨터와 원격 서버 간에 파일 및 디렉터리를 복사할 수 있습니다. 다음은 scp를 사용해 홈 폴더를 원격 서버에 동기화하는 방법의 예입니다.

```
scp -r ~/ username@remote-server:/path/to/remote/folder/
```

이 명령은 홈 폴더에 있는 모든 파일과 디렉터리를 지정된 원격 서버에 복사합니다. -r 옵션은 scp에 디렉터리를 재귀적으로 복사하도록 지시합니다.

Finder: Finder를 사용할 수도 있습니다. SMB, NFS, FTP 프로토콜 원격 폴더를 로컬 볼륨으로 마운트해 홈 폴더를 원격 서버에 동기화한 다음 Finder를 사용해 파일 및 폴더를 복사합니다.

서드 파티 소프트웨어: 크로노싱크ChronoSync, 카본 카피 클로너Carbon Copy Cloner 등 홈 폴더를 원격 서버에 동기화하는 데 사용할 수 있는 서드 파티 소프트웨어도 있습니다.

이러한 명령을 사용하려면 적절한 접근 권한이 설정돼 있는 있는 원격 서버가 필요하며, 그 원격 서버에 접근할 수 있는 올바른 로그인 정보가 있어야 합니다.

2.6.4 서버에서 로컬로 안전하게 복사하기

파일을 백업하는 대신 로컬에 복사하고 싶은 파일이 원격 서버에 있을 수 있습니다. 먼저 코파일럿에 다음 명령을 사용해봅시다.

```
# Securely Copy from Server to Local folder
한글 서버에서 로컬 폴더로 안전하게 복사하기

scp -r username@server:/home/username/ ~/Downloads
```

네, 이것도 맞습니다. 앞서 챗GPT가 원격 서버에 파일을 동기화하는 방법으로 scp를 제안했죠. 그러니 이 방법을 찾아내기는 어렵지 않았을 겁니다.

Securely Copy from Server to Local folder.
한글 서버에서 로컬 폴더로 안전하게 복사합니다.

원격 서버에서 맥OS의 로컬 폴더로 파일을 안전하게 복사하는 데 scp 명령을 사용할 수 있습니다. scp는 "secure copy"의 약자이며 SSH 프로토콜을 사용해 파일을 전송합니다.

다음은 scp 명령으로 원격 서버 "remote-server"에 있는 "file.txt" 파일을 로컬 폴더 "~/Downloads"로 복사하는 방법입니다.

```
scp username@remote-server:/path/to/file.txt ~/Downloads
```

이 명령은 원격 서버의 지정된 경로에서 홈 디렉터리의 **"Downloads"** 폴더로 **"file.txt"** 파일을 복사합니다.

"recursive"를 의미하는 -r 옵션을 추가해 디렉터리와 그 내용을 복사할 수도 있습니다.

```
scp -r username@remote-server:/path/to/directory ~/Downloads
```

여러 파일과 디렉터리를 나열해 복사할 수도 있습니다. 예를 들면 다음과 같습니다.

```
scp username@remote-server:/path/to/file1.txt
 /path/to/file2.txt /path/to/directory1/ ~/Downloads
```

원격 서버가 기본이 아닌 포트를 사용하는 경우 -P 옵션을 사용해 다른 포트 번호를 지정할 수도 있습니다.

```
scp -P 22 username@remote-server:/path/to/file.txt ~/Downloads
```

이러한 명령을 사용하려면 적절한 접근 권한이 설정돼 있는 원격 서버가 필요하며, 그 원격 서버에 접근할 수 있는 올바른 로그인 정보를 가지고 있어야 합니다. 또한 scp 명령은 데이터가 전송될 때 데이터를 암호화해 추가 보안 계층을 제공합니다.

2.6.5 폴더 압축하기

폴더를 압축해 백업하고 싶을 때가 있습니다. 이메일로 보내거나 공개 서버에 업로드하거나, 아니면 단순히 USB 플래시 드라이브에 복사하기 위해서죠. 여러 파일을 함께 보관하는 것이 목표라면 압축이 완벽한 답입니다. 명령 구문을 기억할 수만 있다면요.

주어진 디렉터리를 압축하고 해제하는 명령을 두 도구에 똑같이 물어봅시다. 먼저 코파일럿의 답변입니다.

```
# Archive the src directory using tar and gzip
```
한글 tar와 gzip을 사용해 src 디렉터리를 압축하기
```
tar -cvzf src.tar.gz src
```

```
# Uncompress the tar.gz file
```
한글 tar.gz 파일 압축 풀기
```
tar -xvzf src.tar.gz
```

명령은 정확하지만 이번에도 코파일럿은 맥락 없이 정보를 제공합니다. 코드는 물론 정확합니다. 하지만 tar 명령이 무엇을 하는지 모른다면 여전히 헷갈릴 수 있습니다. v 옵션을 제거해도 원하는 결과를 얻을 수 있다는 것을 알 수 없겠죠.

이번에는 챗GPT의 답변을 봅시다.

Archive the src directory using tar and gzip.
한글 tar와 gzip을 사용해 src 디렉터리를 압축합니다.

tar와 gzip을 사용해 src 디렉터리를 압축하려면 다음 명령을 사용합니다.

```
tar -czvf src.tar.gz src/
```

이 명령은 src 디렉터리의 내용을 src.tar.gz라는 새로운 압축 파일로 만듭니다. -c 옵션은 tar가 새로운 압축 파일을 만들도록 하고 -z 옵션은 gzip을 사용해 압축하도록 합니다. -v 옵션은 압축 진행 과정에 관한 자세한 정보를 출력합니다. -f 옵션은 압축 파일의 이름과 위치를 지정합니다.

다음과 같이 tar를 gzip과 함께 사용할 수도 있습니다.

```
tar -zcvf src.tar.gz src/
```

같은 결과가 나올 것입니다.

이 명령은 현재 디렉터리에 압축 파일을 만듭니다. 다른 디렉터리를 지정해서 저장할 수도 있습니다. 또한 원본 src 디렉터리는 삭제되지 않습니다. 압축 후 삭제하려면 --remove-files 옵션을 추가합니다.

```
tar -czvf src.tar.gz --remove-files src/
```

이 명령은 src 디렉터리를 압축한 후 원본 디렉터리를 삭제합니다.

챗GPT가 첫 번째 제안에 대한 대안으로 정확히 똑같은 것을 제공하는 것은 이번이 처음입니다. 처음 두 명령은 매개변수의 순서를 제외하고는 동일합니다. 말 그대로 같은 명령이죠. 그래도 세 번째 제안은 유용하군요. --remove-files 옵션은 몰랐습니다.

그런 다음 tar 파일의 압축을 풀도록 요청해봅시다. 벅찰 정도로 많은 설명을 제공하네요.

.tar.gz 파일의 압축을 풀려면 다음 명령을 사용합니다.

```
tar -xzvf src.tar.gz
```

이 명령은 tar가 src.tar.gz 파일의 압축을 풀도록 하는데, -x 옵션은 압축 해제를 의미하고, -z 옵션은 gzip을 사용해 압축을 풀도록 하며, -v 옵션은 압축 해제 진행에 관한 자세한 정보를 표시하도록 합니다. -f 옵션은 압축 파일의 이름과 위치를 지정합니다.

다음 명령을 사용할 수도 있습니다.

```
tar -xvf src.tar.gz
```

이 명령은 src.tar.gz 파일의 내용도 추출하지만, -z 옵션을 추가해 파일이 gzip으로 압축되도록 지정해야 합니다.

```
tar -xvzf src.tar.gz
```

이 명령은 압축 파일의 내용을 현재 디렉터리에 추출하며, 파일을 다른 디렉터리로 추출하려면 -C 옵션을 사용하면 됩니다.

```
tar -xvzf src.tar.gz -C /path/to/directory
```

이 명령은 /path/to/directory에 파일의 압축을 풉니다.

추출된 파일은 원본 파일과 동일한 권한 및 소유권을 지닙니다. 추출된 파일의 권한 또는 소유권을 변경하려면 --no-same-permissions 및 --no-same-owner 옵션을 사용하세요.

```
tar -xvzf src.tar.gz --no-same-permissions --no-same-owner
```

이 명령은 파일을 추출해 현재 사용자의 권한 및 소유권을 부여합니다.

또한 -k 옵션을 추가하면 파일을 추출한 후 원본 압축 파일을 삭제할 수 있습니다.

```
tar -xvzf src.tar.gz -k
```

이 명령은 파일의 압축을 풀고 원본 압축 파일을 보존합니다.

> tar.gz 파일은 tarball이라고도 하며 tar 아카이브와 gzip 압축의 조합입니다. .tar 파일은 파일들을 담고 있으며 .gz 파일이 압축입니다. -x 및 -z 옵션을 모두 사용해 각각 파일을 추출하고 압축을 푸는 것이 중요합니다.

이번에도 챗GPT가 헷갈려서 동일한 명령을 두 가지 선택지로 제안했습니다. 혹은 충분한 설명을 해줬다고 볼 수도 있겠네요.

2.6.6 깃허브 SSH 키

여러분은 어떨지 모르겠지만 필자는 git+ssh 프로토콜을 이용해서 깃허브용 SSH 키를 만드는 방법을 매번 검색해서 찾곤 합니다. 코파일럿이 작업을 대신 해줄 수 있을지도 모르겠네요.

```
# Create and copy a new ssh key for github to the clipboard
한글 새로운 깃허브용 ssh 키를 만들어 클립보드에 복사하기

ssh-keygen -t rsa -b 4096 -C "
" && cat ~/.ssh/id_rsa.pub ¦ pbcopy
```

이 명령은 올바르며 필자가 기대한 것과 똑같습니다. -C "라는 표현만 빼고요. 사실 코파일럿은 필자가 무엇인가 입력하기를 기대하는 듯 이 표현까지 출력하고 멈춥니다.

> 📝 NOTE 코파일럿이 부분적인 명령을 출력으로 보여준다면, 사용자가 더 많은 정보를 입력하기를 기다린다는 의미이거나 다음 줄에 정보를 입력하라는 의미입니다.

알고 보니 -C는 단순히 키에 대한 주석이므로 적당히 `github-key` 같은 것을 이어서 입력했으면 됐을 것입니다. (Return) 키를 누르니 두 번째 줄을 만들어 주는군요. 이 줄은 셀로 하여금 `pbcopy`를 사용해 필자의 홈 디렉터리의 `.ssh` 디렉터리에 있는 공개 키를 클립보드에 복사하도록 합니다.

이 시점에 컴퓨터 클립보드에는 필자의 공개 키의 복사본이 있을 것이며, 이것을 깃허브의 공개 키 UI에 붙여넣을 수 있습니다.

챗GPT는 이메일 주소를 주석으로 사용할 것을 제안하며 완전한 예를 제공합니다. 또한 프로세스를 하나가 아닌 두 개의 명령으로 분할하네요.

Create and copy a new ssh key for github to the clipboard.
[한글] 새로운 깃허브용 ssh 키를 만들어 클립보드에 복사합니다.

맥OS에서 깃허브에 사용할 새 SSH 키를 만들고 복사하려면 ssh-keygen 및 pbcopy 명령을 사용할 수 있습니다. 다음은 새 SSH 키를 만들어 클립보드에 복사하는 방법의 예입니다.

터미널을 열고 새 SSH 키를 생성합니다.

```
ssh-keygen -t rsa -b 4096 -C "your_email@example.com"
```

이 명령은 4,096비트 크기를 가진 새 RSA 키를 만들고, 이메일 "your_email@example.com"을 주석으로 붙입니다.

프롬프트가 나타나면 (Enter) 키를 눌러서 기본 키 위치와 파일명을 사용할 수 있으며, 또는 새로운 위치와 파일 이름을 입력할 수도 있습니다.

키가 생성되면 **pbcopy** 명령을 사용해 키를 클립보드에 복사할 수 있습니다.

```
pbcopy < ~/.ssh/id_rsa.pub
```

이 명령은 "**~/.ssh/id_rsa.pub**" 파일의 내용을 클립보드에 복사합니다.

깃허브 설정으로 이동해 SSH 및 GPG 키 메뉴에서 "새 SSH 키" 버튼을 클릭합니다.

키에 제목을 지정하고 "**Key**" 필드에 키를 붙여넣고 "SSH 키 추가" 버튼을 누릅니다.

ssh -T git@github.com을 실행해 연결을 테스트할 수 있습니다.

pbcopy 명령은 맥OS에서만 작동하며 데이터를 클립보드에 복사하는 데 사용됩니다. 다른 운영 체제에서는 명령이 다를 수 있으며, xclip 또는 xsel을 사용해 키를 클립보드에 복사해야 할 수 있습니다.

챗GPT는 실제 명령에 그치지 않고 예제, 옵션, 심지어 주의 사항까지 제공한다는 점이 마음에 듭니다.

2.7 맥OS에서만 사용되는 명령

지금까지 코파일럿과 챗GPT가 보여준 성능이 아주 인상 깊습니다. 그렇다면 맥OS에서 미디어 파일을 조작하는 등 필자가 기억하기 어려워하는 명령들에도 코파일럿과 챗GPT가 유용할까요?

먼저 코파일럿으로 몇 가지를 시도해봤는데 안타깝지만 코파일럿의 능력 한계에 도달한 것 같네요. 필자가 작성한 주석으로 실행 가능한 명령이 만들어지지 않았습니다.

다음은 코파일럿에 폴더에 들어 있는 JPEG 파일을 PNG 포맷으로 변환하라고 요청하는 예입니다. 코파일럿이 제공한 명령은 실행될 것 같이 생겼지만 맥에서 돌아가지 않네요.

```
# Convert all jpg files in the current directory to png files
한글 현재 디렉터리에 있는 jpg 파일을 모두 png 파일로 변환하기
for file in *.jpg; do
    convert "$file" "${file%.jpg}.png"
done
```

당연히 챗GPT는 그 이유를 설명합니다.

Convert all jpg files in the current directory to png files.
한글 현재 디렉터리에 있는 jpg 파일을 모두 png 파일로 변환합니다.

이미지매직ImageMagick의 명령줄 도구 **convert**를 사용해 현재 디렉터리에 있는 모든 JPG 파일을 PNG 파일로 변환할 수 있습니다. 다음은 **convert** 명령을 사용해 모든 JPG 파일을 PNG 파일로 변환하는 예입니다.

```
for file in *.jpg; do convert "$file" "${file%.jpg}.png"; done
```

이 명령은 현재 디렉터리에 있는 확장자가 **.jpg**인 모든 파일을 순회하면서 각 파일에 대해 **convert** 명령을 실행합니다. 그다음 동일한 이름에 확장자가 **.png**인 새로운 파일로 출력을 저장합니다.

또는 **find**와 이미지매직의 **mogrify** 명령을 사용할 수 있습니다.

```
find . -name "*.jpg" -exec mogrify -format png {} +
```

이 명령은 현재 디렉터리와 그 서브디렉터리에서 모든 **.jpg** 파일을 찾아 **.png**로 포맷을 바꾸고 원본 파일을 덮어씁니다.

이 기능은 원본 JPG 파일을 덮어쓰게 됩니다. 원본 파일을 유지하고 싶다면 출력을 다른 위치나 다른 파일 이름으로 저장하도록 명령을 수정할 수 있습니다.

흥미롭게도 첫 번째 제안은 코파일럿의 제안과 똑같네요. 차이점은 챗GPT가 convert 명령이 이미지매직에서 제공된다고 알려준다는 점입니다. 여기서 포기하지 말고 이미지매직 설치법을 물어봅시다. 답은 다음과 같습니다.

How do I install ImageMagick?

한글 이미지매직은 어떻게 설치하나요?

맥OS에 이미지매직을 설치하려면 패키지 관리자인 홈브루Homebrew를 사용합니다. 홈브루를 사용해 이미지매직을 설치하는 방법은 다음과 같습니다.

아직 홈브루가 설치돼 있지 않다면 터미널에서 다음 명령을 실행해 설치합니다.

```
/bin/bash -c "$(curl -fsSL https://raw.githubusercontent.com/Homebrew/install/HEAD/install.sh)"
```

홈브루 설치가 완료됐으면 터미널에서 다음 명령을 실행해 이미지매직을 설치합니다.

```
brew install imagemagick
```

설치가 완료되면 다음 명령을 실행해 확인할 수 있습니다.

```
convert -version
```

현재 설치한 이미지매직의 버전이 출력됩니다.

맥OS에 이미지매직을 설치하는 또 다른 방법은 공식 웹사이트에서 이진 패키지를 다운로드해 수동으로 설치하는 것입니다. 이진 패키지는 https://imagemagick.org/script/download.php#macosx에 있습니다.

터미널이 convert와 mogrify 명령을 인식할 수 있도록 시스템의 PATH에 이미지매직 이진 파일들을 추가해야 할 수도 있습니다.

다른 명령에서도 비슷한 문제가 있었는데, 다음 명령은 실행이 안 되는군요. 게다가 무엇이 오류인지에 관한 힌트조차 없네요.

```
# Extract audio from all the mp4 files in the folder
한글 폴더에 있는 모든 mp4 파일에서 오디오를 추출하기
for file in *.mp4; do
  ffmpeg -i "$file" –vn –acodec copy "${file%.mp4}.mp3"
done
```

한편 챗GPT는 기대한 대로 매우 유사한 명령을 제안하고 이에 관해 이해해야 할 사항을 설명합니다.

Extract audio from all the mp4 files in the folder.
한글 폴더에 있는 모든 mp4 파일에서 오디오를 추출합니다.

맥OS에서는 명령줄 도구 **ffmpeg**를 사용해 폴더에 있는 모든 MP4 파일에서 오디오를 추출할 수 있습니다. 다음 예는 **ffmpeg**를 사용해 현재 디렉터리에 있는 모든 MP4 파일에서 오디오를 추출하고 MP3 파일로 저장하는 방법입니다.

```
for file in *.mp4; do
  ffmpeg -i "$file" -vn -acodec libmp3lame \
  -ac 2 -q:a 4 -y "${file%.mp4}.mp3"
done
```

이 명령은 현재 디렉터리에 있는 확장자가 .mp4인 모든 파일을 순회해 ffmpeg 명령을 실행합니다. 그리고 오디오 출력을 동일한 파일명에 확장자가 .mp3인 파일로 저장합니다.

이 명령은 -i 옵션을 사용해 입력 파일을 지정하고, -vn 옵션을 사용해 비디오 스트림을 비활성화하고, -acodec 옵션을 사용해 오디오 코덱을 지정합니다. -ac 2로 오디오 채널 개수를 지정하고, -q:a 4 옵션으로 오디오 품질을 지정하고, -y로 출력 파일을 덮어쓰게 됩니다.

mp3와 libmp3lame을 바꾸면 출력 파일 포맷과 코덱을 바꿀 수 있습니다.

ffmpeg가 아직 설치되지 않았다면 시스템에 설치해야 할 수도 있습니다. 터미널에서 다음 홈브루 명령을 실행해 ffmpeg를 설치할 수 있습니다.

```
brew install ffmpeg
```

또한 이 명령은 이름이 같은 파일을 모두 덮어씁니다. 원본 파일을 유지하고 싶다면 출력을 다른 위치나 다른 파일 이름으로 저장하도록 명령을 수정합니다.

명령은 챗GPT가 준 것이 더 완전하지만 설명에는 오해의 소지가 있습니다. 아니면 필자가 잘못 이해한 것일 수도 있죠. -y 매개변수는 출력에 있는 기존 파일을 자동으로 덮어쓰지만 입력 파일을 파괴하지는 않습니다.

마지막 테스트는 맥OS의 또 다른 명령인 avconvert를 사용해 오디오를 추출하는 것입니다. 코파일럿은 명령 한 개를 제공하네요.

```
# Extract audio from video file using avconvert
```
한글 avconvert를 사용해 비디오 파일에서 오디오를 추출하기
```
avconvert -i video.mp4 -vn -acodec copy audio.mp3
```

이 명령은 명백히 더 이상 존재하지 않습니다.

avconvert가 무엇인지 챗GPT에 한번 물어봅시다.

What is avconvert?

한글 avconvert가 무엇인가요?

avconv는 **ffmpeg**와 비슷한 명령줄 도구로 멀티 미디어 파일을 변환합니다. 맥OS의 **avconv**를 사용해 비디오 파일에서 오디오를 추출하기 위해 다음 명령을 사용합니다.

```
avconv -i inputfile.mp4 -vn -acodec libmp3lame -ac 2 -q:a 4 -y \
outputfile.mp3
```

이 명령은 -i 옵션을 사용해 입력 파일을 지정하고, -vn 옵션을 사용해 비디오 스트림을 비활성화하고, -acodec 옵션을 사용해 오디오 코덱을 libmp3lame 으로 지정합니다. -ac 2 옵션으로 오디오 채널 개수를 지정하고, -q:a 4 옵션으로 오디오 품질을 지정하며, -y 옵션으로 출력 파일이 이미 있는 경우 이를 덮어쓰도록 합니다.

입력과 출력 파일의 이름과 포맷을 바꿀 수 있습니다. 또한 필요에 따라 코덱과 품질 옵션을 바꿀 수 있습니다.

avconv가 아직 설치되지 않았다면 시스템에 설치해야 할 수도 있습니다. 터미널에서 다음 명령을 실행해 홈브루로 **avconv**를 설치할 수 있습니다.

```
brew install libav
```

avconv와 ffmpeg는 비슷하지만 똑같지는 않으며 구문과 옵션이 약간 다를 수 있습니다. ffmpeg에서 작동하는 일부 옵션이나 코덱이 avconv에서 작동하지 않을 수 있습니다. 그 반대도 마찬가지입니다. 또한 ffmpeg가 avconv보다 더 널리 사용되며 개발도 활발히 진행되고 있지만 둘 다 비디오 파일에서 오디오를 추출하는 데 사용할 수 있습니다.

필자의 질문에 대한 답은 아니네요. 필자가 그렇게 느낀 것일 수도 있지만요. 헷갈리는데 약간 호기심이 생기는군요. 설명을 부탁해봅시다.

What is the difference between avconv and avconvert?

한글 avconv와 avconvert의 차이점은 무엇인가요?

avconv와 avconvert는 사실 같은 것입니다. avconv는 libav 라이브러리를 위한 명령줄 도구이며 ffmpeg 라이브러리에서 포크된 것입니다. avconv는 libav 라이브러리를 위한 명령줄 도구였고, ffmpeg 라이브러리를 위한 ffmpeg 명령줄 도구에 해당합니다. 하지만 libav 프로젝트가 2018년에 중단되면서 libav 개발자는 avconv 대신 ffmpeg를 사용할 것을 권장합니다. avconvert는 avconv의 철자 오류이기는 하지만 두 명령 모두 동일한 작업을 수행할 수 있습니다. avconv 도구는 ffmpeg로 대체됐습니다. 하지만 avconv나 avconvert를 사용하는 예전 스크립트나 문서를 보게 될 수도 있을 것입니다.

요약하면 avconv와 avconvert는 같은 명령줄 도구입니다. 하지만 libav 프로젝트는 2018년에 중단됐으므로 avconv 대신 ffmpeg를 사용하는 편이 좋습니다.

코파일럿은 이런 맥락을 전혀 제공하지 않았습니다. 필자가 놀란 것은 avconvert가 현재 사용되는 도구이며 이것을 사용하는 것이 맞다고 생각했었다는 점입니다. 둘 다 틀렸던 것이죠.

2.8 정리

AI 도구를 사용하면 잠재적으로 시간과 노력을 절약할 수 있습니다. 다만 생성된 명령의 품질을 평가해 그것이 안전하고 효과적인지 확인해야 합니다. 이 장에서는 챗GPT의 출력이 코파일럿보다 뛰어났는데, 이는 맥락상 예상했던 결과입니다.

챗GPT는 더 복잡하고 미묘한 질문을 이해하고 응답할 수 있는 고급 AI 모델입니다. 한편 코파일럿은 개발자의 코딩 작업을 돕기 위해 설계된 AI 어시스턴트인데 챗GPT만큼 발전되지는 않았죠. 하지만 여기서 중요한 것은 두 도구 모두 작업을 효과적으로 수행하는 데 도움이 된다는 점입니다. 챗GPT와 코파일럿 모두 질문에 정확하고 신뢰할 만한 답변을 제공할 수 있으며 챗GPT의 출력이 더 상세하고 포괄적입니다. 둘 중 어느 도구를 사용할지는 구체적인 니즈와 선호도에 따라 선택하면 됩니다.

출력 품질의 차이 외에도 고려해야 할 또 다른 측면은 두 도구의 전문 분야의 차이입니다. 챗GPT는 방대한 양의 텍스트 데이터로 학습한 범용 언어 모델로서, 낯선 주제에 관한 해설이나 설명이 필요할 때 좋은 선택입니다. 주제에 관한 포괄적인 정보를 제공하는 데 능숙하며 언어 번역, 텍스트 생성, 질의응답 등 광범위한 작업에 유용합니다.

한편 코파일럿은 개발자를 위해 특별히 설계됐으며 실제 소프트웨어로 학습한 AI 어시스턴트입니다. 따라서 코드의 맥락을 이해하고 특정 요구 사항에 맞는 솔루션을 제공하는 데 더 뛰어납니다. 앞으로 보겠지만 코드 스니펫을 제안하고, 문서화를 제안하며, 코드를 완성하는 등 코딩 작업에 도움이 됩니다. 여러분이 개발자이고 코딩 작업에 도움이 필요하다면 코파일럿은 훌륭한 선택입니다.

3장 깃 명령

▶ 필자의 깃허브 커밋 그래프

코파일럿이 깃^{Git} 자체에 도움이 될 수 있을까요? 이 장에서는 코파일럿이 깃 명령을 학습하는 데 어떻게 도움이 되는지 살펴봅니다.

3.1 기본 깃 명령

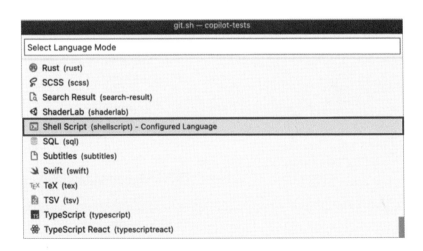

셸 스크립팅에서와 마찬가지로 VS코드에서 빈 문서를 만들고 문서 종류를 셸 스크립트로 지정합니다. 이제부터 문서에 주석을 추가하면서 코파일럿이 무

엇을 제안할지 확인해봅시다. 코파일럿을 최대한 활용하기 위해 가능한 한 적게 입력합니다.

처음에는 간단히 새로운 깃 저장소를 만들어달라고 요청해봅시다.

```
# Create an empty git repo
한글 빈 깃 저장소 만들기
git init
```

다음으로 깃 사용자 이름과 이메일을 설정해봅시다. 필자는 정확한 명령이 기억나지 않지만 코파일럿은 알고 있습니다.

```
# Set my git user name and email
한글 나의 깃 사용자 이름과 이메일을 설정하기
git config user.name "Mike Callaghan"
git config user.email "michael@walkingriver.com"
```

코파일럿은 당연히 필자의 이름과 이메일 주소를 모르기 때문에 직접 추가해야 합니다. 코파일럿은 사용자 이름으로 **"John Doe"**[1]를 제안하네요. 그 부분을 바꿔서 사용하라는 힌트죠. 이메일의 경우는 따옴표가 시작되는 부분에서 멈춤으로써 사용자가 직접 완성할 것을 제안합니다.

비어 있는 깃 저장소는 쓸모가 없으므로 새로운 브랜치를 만들어 파일을 추가하고, 변경 사항을 커밋하고 브랜치를 푸시해봅시다. 코파일럿은 각 주석에 대해 다음과 같이 제안합니다.

---

1   옮긴이_ 우리나라의 경우에는 '홍길동'에 해당함.

```
# Create and switch to a new branch named develop
한글 develop이라는 새 브랜치를 만들어서 전환하기

git checkout -b develop

# Create a file
한글 파일 만들기

echo "Hello World" > hello.txt

# Commit all new and updated files to this branch
한글 새로운 파일과 업데이트된 파일을 이 브랜치에 모두 커밋하기

git add .
git commit -m "Initial commit"

# Push this branch to the remote repository
한글 이 브랜치를 원격 저장소에 푸시하기

git push -u origin develop

# Switch back to the main branch
한글 main 브랜치로 다시 전환하기

git checkout main

# Merge the develop branch into the main branch
한글 main 브랜치에 develop 브랜치를 병합하기

git merge develop

# Rebase the main branch onto the develop branch
한글 main 브랜치를 develop 브랜치에 리베이스하기

git checkout develop
git rebase main
```

모두 적절한 제안입니다. 지금까지는 코파일럿의 깃에 대한 이해도가 만족스럽군요.

3.2 중급 깃 명령

이 장의 나머지에서는 앞서 만든 명령들이 아닌, 오랫동안 관리된 저장소에서 사용할 명령을 실행해봅니다. 복수의 브랜치, 커밋, 태그가 있는 경우입니다.

3.2.1 커밋에 대한 요약 보기

git log를 사용해 저장소 커밋에 관한 요약을 최신순으로 볼 수 있습니다. 코파일럿 덕분에 여러 가지 변형 명령을 배울 수 있겠네요.

```
# Show me the last 10 commits on develop branch
한글 develop 브랜치의 최근 10개 커밋 보여주기

git log --oneline -10 develop


# Show me the last 10 commits on all branches
한글 모든 브랜치의 최근 10개 커밋 보여주기

git log --oneline -10 --all


# Show me the last 10 commits on all branches and show the graph
한글 모든 브랜치의 최근 10개 커밋과 그래프 보여주기

git log --oneline -10 --all --graph


# Show me the last 10 commits on all branches and show the graph and author
한글 모든 브랜치의 최근 10개 커밋과 그래프, 작성자 보여주기

git log --oneline -10 --all --graph --author="Mike Callaghan"
```

마지막 명령은 정확하지 않군요. Mike Callaghan의 모든 커밋을 보여줄 뿐, 모든 커밋과 그 작성자를 보여주지는 않을 겁니다. 이번에도 코파일럿이 제공하는 것을 그대로 받아들이지 않도록 주의하세요. 코파일럿은 물론 도움이 되지만 주의하지 않으면 문제를 일으킬 수도 있습니다.

3.2.2 잘못된 커밋 되돌리기

의도하지 않은 커밋을 되돌리는 깃 명령을 정확히 기억해내기가 참 어렵더군요. 매번 검색할 필요가 없게 코파일럿을 활용할 수 있을까요? 코파일럿은 다음과 같은 답변을 제공합니다.

```
# Revert last commit
한글 마지막 커밋 되돌리기

git reset --hard HEAD~1

# Revert last commit and keep changes
한글 마지막 커밋을 되돌리고 변경 사항은 유지하기

git reset --soft HEAD~1

# Revert all commits from ee670f5 to 9ad6740
한글 모든 커밋을 ee670f5에서 9ad6740으로 되돌리기

git revert ee670f5..9ad6740
```

정확히 맞네요.

3.2.3 체리픽

이따금 다른 브랜치의 이전 커밋 하나를 선택해 현재 브랜치에 적용하고 싶을 때가 있습니다. 이것을 체리픽cherry pick이라고 하죠. 코파일럿은 그 방법 또한 알고 있네요.

```
# Cherry pick commit 9ad6740 into main
한글 9ad6740을 main으로 체리픽하기

git checkout main
git cherry-pick 9ad6740
```

3.2.4 두 커밋 비교하기

두 커밋 사이의 변화를 보고 싶다면 `git diff` 명령을 사용합니다.

```
# Compare commits ee670f5 with 9ad6740
한글 ee670f5와 9ad6740 커밋을 비교하기

git diff ee670f5 9ad6740
```

실행은 되지만 아주 직관적이지는 않습니다. 더 좋은 방법이 있을 겁니다.

DiffMerge

DiffMerge라는 앱은 diff를 위한 멋진 UI를 제공합니다. 이 앱을 설치하고 설정하는 데 코파일럿이 도움이 될까요?

```
# install diffmerge from brew
한글 brew를 이용해 diffmerge를 설치하기

brew install --cask diffmerge

# Set the difftool to diffmerge
한글 difftool을 diffmerge에 설정하기

git config --global diff.tool diffmerge
git config --global difftool.diffmerge.cmd 'diffmerge "$LOCAL" "$REMOTE"'
git config --global difftool.prompt false

# Compare commits ee670f5 with 9ad6740 with an external diff tool
한글 ee670f5와 9ad6740을 외부 diff 도구로 비교하기

git difftool ee670f5 9ad6740
```

DiffMerge는 맥OS와 윈도우 모두에서 실행되지만 brew 명령은 맥OS에서만 실행됩니다. 대신 윈도우에 DiffMerge를 설치하도록 요청하면 다음과 같이 알려줍니다. choco는 윈도우 운영 체제에서 사용되는 패키지 관리자입니다.

```
# install diffmerge on windows
한글 윈도우에 diffmerge를 설치하기

choco install diffmerge
```

필자는 테스트할 윈도우 환경이 없기는 하지만, 맞는 것처럼 보이네요. 나머지 명령은 동일할 겁니다.

3.3 고급 깃 명령

필자는 깃 전문가는 아니지만 깃허브의 고급 작업을 몇 가지 시도해봤습니다. 참고할 만한 고급 깃 명령을 소개합니다.

3.3.1 저장소 압축하기

깃 관련 파일을 제외한 상태로 저장소의 복사본을 다른 사람에게 보내야 했던 적이 있나요? 원하는 브랜치의 커밋 위치로 체크아웃해서 .git 폴더를 제외하고 압축해야 하죠. 깃은 이 모든 걸 해줍니다.

```
# Archive the current branch
한글 현재 브랜치 압축하기

git archive -o archive.zip HEAD

# Archive the current branch and exclude the .gitignore files
한글 현재 브랜치를 압축하고 .gitsignore 파일은 제외하기

git archive -o archive.zip HEAD -- . ':!*.gitignore'

# Archive commit 1319f65 and exclude the .gitignore files
한글 1319f65 커밋을 압축하고 .gitsignore 파일은 제외하기

git archive -o archive.zip 1319f65 -- . ':!*.gitignore'
```

3.3.2 낡은 브랜치와 파일 정리하기

풀 리퀘스트가 완료된 후에는 이전의 피처 브랜치들을 정리하는 편이 좋습니다. 이 작업을 자동으로 수행하도록 깃허브와 깃랩^{GitLab}을 설정할 수 있습니다. 문제는 로컬 저장소에서 그렇게 하기가 쉽지 않다는 점입니다.

```
# Remove all merged branches
한글 병합된 브랜치를 모두 제거하기

git branch --merged | grep -v "\*" | xargs -n 1 git branch -d
```

이따금 로컬 저장소와 원격 저장소에 모두 있는 개별 브랜치를 삭제하고 싶을 때가 있습니다.

```
# Delete myfeature branch on local and remote
한글 로컬과 원격에서 myfeature 브랜치를 삭제하기

git branch -d myfeature
git push origin --delete myfeature
```

로컬에 추적되지 않는 파일을 정리하고 싶다면 어떻게 할까요?

```
# Delete untracked local files from the current working tree
한글 현재 작업 트리에서 추적되지 않는 로컬 파일을 삭제하기

git clean -f
```

3.3.3 얕은 클론

깃 저장소가 너무 커져서 디스크 공간을 너무 많이 차지한 적이 있나요? 저장소를 쓰다 보면 히스토리 전체가 필요하지는 않고 그중 일부만 복제하는 편이

낫다고 판단할 때가 있습니다. 이때 얕은 클론^{shallow clone}을 사용합니다.

코파일럿은 그 방법을 알까요?

```
# Clone repo keeping only commits after Jan 1, 2022
한글 저장소에서 2022년 1월 1일 이후의 커밋만 클론하기

git clone --shallow-since=2022-01-01

# Clone repo keeping only commits after Jan 1, 2022 and before Jan 1, 2023
한글 저장소에서 2022년 1월 1일 이후, 2023년 1월 1일 이전의 커밋만 클론하기

git clone --shallow-since=2022-01-01 --shallow-until=2023-01-01

# Clone repo keeping only commits after Jan 1, 2022 and before Jan 1, 2023
and only the main branch
한글 저장소에서 2022년 1월 1일 이후, 2023년 1월 1일 이전의 main 브랜치 커밋만 클론하기

git clone --shallow-since=2022-01-01 --shallow-until=2023-01-01
  --branch main

# Clone repo keeping only commits after Jan 1, 2022 and before Jan 1, 2023
and only the main branch and only the last 10 commits
한글 저장소에서 2022년 1월 1일 이후, 2023년 1월 1일 이전의 main 브랜치 최근 10개 커밋
만 클론하기

git clone --shallow-since=2022-01-01 --shallow-until=2023-01-01
  --branch main --depth 10
```

이제 더 이상 이 명령들을 기억할 필요가 없다는 생각이 드네요. 코파일럿이 대신 기억해줄 테니까요.

3.3.4 파일을 완전히 삭제하기

실수로 보안 정보(암호, 개인 키 등)가 들어있는 파일을 원격 저장소에 커밋해 버렸다고 생각해봅시다. 단순히 그 파일을 로컬에서 삭제하고 `.gitignore`에

파일명을 추가해 커밋한다고 해결되지 않습니다. 파일이 여전히 복원될 수 있기 때문이죠. 이때 파일을 제거하는 유일한 방법은 깃 히스토리를 다시 쓰는 것입니다. 다행히 깃으로 이 작업을 할 수 있지만 말처럼 간단하지는 않습니다. 한번 봅시다.

비밀 정보 파일을 삭제하도록 요청하면 코파일럿은 다음을 제공합니다.

```
# Delete secrets file accidentally committed to git
한글 깃에 실수로 커밋한 보안 파일을 삭제하기

git filter-branch --force --index-filter
  'git rm --cached --ignore-unmatch secrets.txt'
  --prune-empty --tag-name-filter cat -- --all
```

솔직히 이 명령을 테스트하고 싶지는 않군요. 그래도 중요하지 않은 저장소에 한번 시도해보겠습니다. secrets.txt를 package-lock.json으로 바꿔서 시도하면 그 파일이 없어지더라도 큰 문제는 되지 않을 겁니다.

실행하니 코파일럿이 긴 경고를 주는군요.

```
git-filter-branch has a glut of gotchas generating mangled history
rewrites.  Hit Ctrl-C before proceeding to abort, then use an
alternative filtering tool such as 'git filter-repo'
(https://github.com/newren/git-filter-repo/) instead.  See the
filter-branch manual page for more details; to squelch this warning,
set FILTER_BRANCH_SQUELCH_WARNING=1.
```

일단 실행해보겠습니다. 최악의 경우 어떤 일이 일어날까요? 실행해보니 프로젝트 전체에서 package-lock.json의 모든 인스턴스가 제거되네요. 그 밖에도 로컬과 원격 저장소 사이에 20여 개의 커밋 차이가 생깁니다. 이것이 필자가 원했던 것인지 도저히 모르겠군요.

차이가 생긴 브랜치들을 고쳐달라고 요청해봅시다.

```
# Fix diverged branches
한글 차이가 나는 브랜치들 고치기
git fetch --all
git reset --hard origin/main
```

명령이 작동하고 변화가 일어나기 전의 상태로 복구되네요.

그럼 경고는 무엇에 대한 것이었을까요? 우리가 고려했어야 할 선택지일 수 있습니다. 한편 `git-filter-repo`를 살펴보니 더 나은 방법 같아 보입니다. 알고 보니 코파일럿 역시 그 사실을 알고 있는 듯합니다.

```
# Delete secrets file accidentally pushed to remote with filter-repo
한글 실수로 원격에 푸시한 보안 파일을 filter-repo 명령으로 삭제하기
git filter-repo --path-glob '!secrets.txt'
```

`filter-repo`가 설치돼 있지 않아 실행되지는 않는군요. 하지만 (아마도) 올바른 문법을 제시했다는 점은 인상적입니다.

3.4 정리

마지막 요청과 `git log` 관련 사소한 문제를 제외하면 코파일럿은 요청받은 모든 것을 처리했습니다. 이 장에서 봤듯 코파일럿은 어떤 깃 명령을 사용할지 정확히 기억이 나지 않을 때 유용합니다.

이 장에서 챗GPT는 사용하지 않았습니다. 예상하건대 같은 명령들을 올바르게 제안할 겁니다. 연습 삼아 시도해보기를 권합니다. 결과를 이메일로 알려주세요.

4장 일반적인 알고리즘

▶ 이미지 출처: 픽사베이 Markus Spiske(markusspiske)

필자가 좋아하는 AI의 용도 중 하나는 일반적인 알고리즘에 대한 코드를 생성하는 것입니다. 이 장에서는 챗GPT와 코파일럿을 활용해 현실에서 발생하는 일반적인 문제를 해결해봅시다.

4.1 자바스크립트 IIFE

자바스크립트에서 IIFE가 무엇인지 알고 있나요? 챗GPT에 물어봅시다!

What's an IIFE in Javascript, why would I need one, and how would I create one?

한글 자바스크립트에서 IIFE는 무엇이고, 왜 필요하며, 어떻게 만드나요?

IIFE는 즉시 호출 함수 표현식Immediately Invoked Function Expression의 약자입니다. 전역 네임스페이스가 변수와 함수로 오염되는 것을 피하기 위해 프라이빗 코드 스코프를 만드는 것은 자바스크립트에서 널리 사용되는 디자인 패턴입니다.

일부 코드를 캡슐화해 페이지의 다른 코드에 영향을 주지 않도록 해야 하는 경우 IIFE를 사용할 수 있습니다. 예를 들어 IIFE를 사용해 애플리케이션에서 모듈을 정의할 수 있으며, 여기서 모듈의 코드는 IIFE의 프라이빗 스코프 내로 한정됩니다.

IIFE를 작성하려면 함수 표현식을 정의하고 괄호로 묶어 표현식으로 만들기만 하면 됩니다. 그리고 다음과 같이 뒤에 한 쌍의 괄호를 추가해 함수를 바로 호출할 수 있습니다.

```
(function() {
    // 여기에 코드를 입력하세요
})();
```

이 예에서는 익명 함수가 정의되고 즉시 호출됩니다. 이 함수는 내부에 코드에 대한 프라이빗 스코프를 만들어 그 안에 선언된 변수나 함수가 전역 범위로 누출되는 것을 방지합니다.

함수 표현식을 둘러싸고 있는 괄호는 함수가 선언이 아닌 표현식으로 해석되도록 하기 위해 필요합니다. 괄호가 없으면 자바스크립트 파서는 함수를 특정 콘텍스트에서만 사용할 수 있는 함수 선언으로 해석합니다.

챗GPT가 제공한 설명을 짧게 줄인 것입니다. 꽤 인상적인 설명이군요.

한편 타입스크립트를 사용하면 IIFE를 사용할 필요가 거의 없습니다. 챗GPT에 마지막 IIFE를 타입스크립트 클래스로 바꾸도록 요청해볼까요?

What would be the equivalent of that code if we were to use classes in TypeScript instead?

한글 타입스크립트 클래스를 사용한다면 이 코드에 해당하는 것은 무엇인가요?

IIFE 예제와 유사한 결과를 얻기 위해 타입스크립트 클래스를 사용하는 경우 클래스를 정의하고 생성자 메서드를 사용해 코드를 실행할 수 있습니다. 예를 들면 다음과 같습니다.

```
class MyClass {
  constructor() {
    // 여기에 코드를 입력하세요
  }
}

new MyClass();
```

이 예제에서 MyClass 생성자 함수는 new 키워드를 사용해 클래스의 인스턴스를 만드는 즉시 실행됩니다.

다음과 같이 생성자 메서드에 매개변수를 전달할 수도 있습니다.

```
class MyClass {
  constructor(arg1, arg2) {
    // 여기에 코드를 입력하세요
  }
}

new MyClass(val1, val2);
```

이 경우 매개변수 val1과 val2가 생성자 메서드에 각각 arg1과 arg2로 전달됩니다.

타입스크립트에서 클래스를 사용하면 더 나은 형^{type} 검사 및 캡슐화, 퍼블릭 및 프라이빗 멤버를 정의하는 기능 등 추가 이점이 있습니다. 하지만 IIFE와 클래스 예제의 전반적인 목표는 동일합니다. 코드를 캡슐화해 페이지상의 다른 코드에 영향을 주지 않도록 하는 것입니다.

여기서 주목할 점이 있습니다. 요청을 재차 설명하지 않고 '이 코드$^{that\ code}$'를 다시 작성해달라고만 요청했음에도 챗GPT는 답변을 제공합니다. 챗GPT는 대화의 문맥을 기억합니다.

4.2 배열 조작

코파일럿과 챗GPT는 배열을 조작할 때도 아주 유용합니다. 그저 물어보기만 하면 됩니다.

4.2.1 요소 합산

왜인지 필자는 자바스크립트의 reduce 함수로 배열에 있는 요소의 합을 계산하는 문법을 도무지 기억할 수가 없습니다. 하지만 코파일럿은 알고 있습니다. 원하는 작업에 관한 설명을 주석으로 추가하면 나머지는 코파일럿이 알아서 해줍니다.

퍼즐("puzzles")의 배열을 생각해봅시다. 다음 코드 스니펫은 필자가 만든 단어 맞추기$^{Word\ Square}$ 게임인 Foreword에서 가져온 것입니다.

```
// Partial array of "puzzles" for this example
```
한글 예제를 위한 "puzzles"의 부분 배열

```
private demoPuzzles: Puzzle[] = [
  { id:88, size: 4, solution: ['abetbabeebontent'] },
  { id:89, size: 4, solution: ['icedcaveevendent'] },
  { id:90, size: 8, solution: ['abetracemirestun', 'armsbaitecruteen'] },
  { id:91, size: 8, solution: ['cageheaturicmyth', 'chumaerygaitetch'] }
];
```

어떤 퍼즐은 답이 하나이고 어떤 퍼즐은 두 개입니다. 실제로 필자의 퍼즐 배열에는 수천 개의 요소가 있습니다.

이제 퍼즐 배열에 있는 전체 답 개수를 세어봅시다. 간단한 주석을 작성하면 코파일럿이 코드를 생성합니다.

```
// Count the total number of solutions in the demo Puzzle array
```
한글 데모 퍼즐 배열에 있는 전체 답 개수를 세기

```
const total = this.demoPuzzles.reduce((acc, puzzle) =>
  acc + puzzle.solution.length, 0);
```

for 루프를 사용하거나 Array.reduce 구문을 찾아볼 수도 있겠지만 코파일럿은 주석만 보고 이 코드를 만들어주네요. 생산적이군요.

4.2.2 필터링

이번에는 배열에서 크기가 4인 퍼즐을 모두 찾아봅시다. 첫 주석을 써주니 코파일럿이 그다음 주석을 만들어주는군요.

```
// Find all puzzles with a size of 4
```
한글 크기가 4인 퍼즐을 모두 찾기

```
// Find all puzzles with a size of 8
```
한글 크기가 8인 퍼즐을 모두 찾기

이것이 가능한 것은 코파일럿이 애플리케이션의 콘텍스트를 알고 필자의 다른 작업을 볼 수 있기 때문입니다. 일부 퍼즐은 크기가 4이고 일부는 8임을 인식해 두 번째 주석을 제시합니다. 그러고는 기대했던 배열 필터 함수 대신에 다음을 제공합니다.

```
public findPuzzlesBySize(size: number): Puzzle[] {
  return this.demoPuzzles.filter(puzzle => puzzle.size === size);
}
```

놀랍군요. 어떤 크기의 퍼즐도 찾을 수 있는 일반 함수를 제공합니다.

챗GPT에 같은 프롬프트를 입력해볼까요? 약간 다른 방향으로 진행되는군요.

Given an array that looks like the following array, find all puzzles of size 4 or 8.

한글 다음 배열과 비슷한 배열이 주어지면 크기가 4 또는 8인 퍼즐을 모두 찾습니다.

(퍼즐 배열을 여기에 붙입니다.)

크기가 4 또는 8인 퍼즐을 모두 찾으려면 demoPuzzles 배열에 filter 메서드를 적용하고 각 퍼즐의 크기를 확인하는 콜백 함수를 제공하면 됩니다.

```
const filteredPuzzles = demoPuzzles.filter(puzzle =>
  puzzle.size === 4 || puzzle.size === 8);
```

이 명령은 크기가 4 또는 8인 퍼즐만 담은 새로운 배열을 반환합니다.

또한 forEach 메서드를 사용해 각 퍼즐의 크기를 확인한 다음 그에 맞는 퍼즐을 새로운 배열에 저장할 수도 있습니다.

```
const filteredPuzzles = [];
demoPuzzles.forEach(puzzle => {
  if (puzzle.size === 4 || puzzle.size === 8) {
    filteredPuzzles.push(puzzle);
  }
});
```

이는 filter 메서드와 동일한 결과를 줍니다.

어느 경우든 결과로 얻어지는 filteredPuzzles 배열은 크기가 4 또는 8인 퍼즐만을 포함합니다.

챗GPT는 말 그대로 크기가 4 또는 8인 퍼즐을 찾는 방법을 제공합니다. 하지만 이상하게도 이 코드는 원본과 내용이 동일한 배열을 만들어내는데, 이는 전혀 도움이 되지 않습니다.

반면에 코파일럿은 필자가 원했던 것에 더 가까운 코드를 제공했습니다. 코파일럿의 승리군요.

4.2.3 정렬

이번에는 배열을 정렬해볼까요? 자바스크립트에는 sort 함수가 있고 이 함수는 정렬 방법을 설명하는 콜백 함수를 받습니다. 그런데 필자는 구문이 제대로 기억나지 않는군요.

우선 코파일럿에 퍼즐 배열을 큰 것(크기 8) 순으로 정렬하도록 요청하니 다음과 같이 답합니다.

```
// Sort the puzzles by size, with the largest first
한글 퍼즐을 큰 것부터 크기순으로 정렬하기
puzzles = this.demoPuzzles.sort((a, b) => b.size - a.size);
```

이번에는 코파일럿이 완전한 함수 대신 한 줄짜리 함수를 제공합니다. 필자의
경험상 코파일럿은 보통 이런 식으로 답을 제공합니다.

한편 챗GPT는 같은 프롬프트에 다음과 같이 답합니다.

```
const sortedPuzzles = demoPuzzles.sort((a, b) =>
  b.size - a.size);
```

이것은 가장 큰 퍼즐부터 크기 순으로 정렬된 새 배열을 반환합니다.

이 예에서 sort 메서드는 a 객체와 b 객체의 size 속성을 비교하는 콜백 함
수를 사용합니다. b.size에서 a.size를 빼면 퍼즐이 크기에 따라 내림차순으
로 정렬됩니다.

코파일럿과 챗GPT가 제공한 함수가 서로 같습니다. 이는 좋은 신호입니다.
한편으로는 코파일럿이 코드만 작성해주는 것과 달리 챗GPT는 제안 사항을
설명해준다는 점이 마음에 드네요.

4.2.4 스택 또는 큐로서의 배열

이따금 배열을 스택이나 큐로 구현하고 싶을 때가 있죠. 이때도 챗GPT와 코
파일럿을 활용할 수 있습니다.

챗GPT에 강력한 타이핑이 적용된 타입스크립트 함수를 요청하자 완전한 세
트를 제공합니다.

Generate a set of strongly typed TypeScript functions to treat the
array like a stack or queue.

한글 배열을 스택이나 큐처럼 취급하는 강력한 타이핑이 적용된 타입스크립트
함수를 생성합니다.

```typescript
type Puzzle = { id: number; size: number; solution: string[] };

function pushToStack(stack: Puzzle[], puzzle: Puzzle): Puzzle[] {
  return [...stack, puzzle];
}

function popFromStack(stack: Puzzle[]):
  [Puzzle | undefined, Puzzle[]] {
  const poppedPuzzle = stack[stack.length - 1];
  const newStack = stack.slice(0, stack.length - 1);
  return [poppedPuzzle, newStack];
}

function enqueue(queue: Puzzle[], puzzle: Puzzle): Puzzle[] {
  return [...queue, puzzle];
}

function dequeue(queue: Puzzle[]): [Puzzle | undefined, Puzzle[]]
{
  const dequeuedPuzzle = queue[0];
  const newQueue = queue.slice(1);
  return [dequeuedPuzzle, newQueue];
}
```

언제나처럼 각 함수에 대한 완전한 설명을 제공합니다(여기서는 생략).

코파일럿은 훨씬 간결합니다. 필자가 첫 번째 주석을 작성하자 이어서 모든 줄을 작성합니다. 새 주석 또한 코파일럿이 작성한 것입니다.

```
// Function to add a new puzzle to the list of puzzles like a queue
한글 퍼즐 리스트에 새로운 퍼즐을 큐처럼 추가하는 함수
addPuzzle() {
  this.demoPuzzles.push(
  { id: 92, size: 4, solution: ['cageheaturicmyth', 'chumaerygaitetch'] });
}

// 퍼즐 리스트에서 퍼즐을 큐처럼 제거하는 함수
removePuzzle() {
  this.demoPuzzles.pop();
}

// 퍼즐 리스트에 새로운 퍼즐을 스택처럼 추가하는 함수
pushPuzzle() {
  this.demoPuzzles.unshift(
  { id: 92, size: 4, solution: ['cageheaturicmyth', 'chumaerygaitetch'] });
}

// 퍼즐 리스트에서 퍼즐을 스택처럼 제거하는 함수
popPuzzle() {
  this.demoPuzzles.shift();
}
```

이 함수는 새로운 Puzzle 타입을 만들어내지 않습니다. 이미 코드에 Puzzle 타입이 있다는 것을 파악하고 필자의 애플리케이션 콘텍스트에서 필요한 것만 제공합니다.

하지만 완전히 틀린 점도 있습니다. 함수에 Puzzle 매개변수를 전달하는 대신 하드 코딩된 (유효하지도 않은) 퍼즐 리터럴을 사용할 거라고 가정하네요.

다행히 주석만 수정해주면 코파일럿은 이 잘못된 가정을 해결합니다.

```
// Function to add a new puzzle to the list of puzzles like a queue,
// which takes a strongly typed Puzzle object as a parameter
한글 퍼즐 리스트에 새로운 퍼즐을 큐처럼 추가하는 함수
     강력한 타입의 퍼즐 객체를 매개변수로 받기
addPuzzle(puzzle: Puzzle) {
  this.demoPuzzles.push(puzzle);
}
```

책에서는 생략했지만 나머지 부분도 올바르게 만들어냅니다.

4.2.5 배열을 해시로

이번에는 필자의 프로젝트를 예제로 살펴봅시다. 고객과 판매 정보를 검색하기 위해 원격 웹 서비스에 쿼리하니 정보가 다음과 같은 데이터 구조로 반환됩니다.

```
"orders": [
  {
    "id": "order1",
    "customerName": "John Smith",
    "productName": "Shirt",
    "quantity": 2,
    "price": 25
  },
  {
    "id": "order2",
    "customerName": "Jane Doe",
    "productName": "Pants",
    "quantity": 1,
    "price": 40
  },
```

```
  {
    "id": "order3",
    "customerName": "Bob Johnson",
    "productName": "Socks",
    "quantity": 3,
    "price": 10
  }
]
```

orders는 배열이며 각 요소는 독립적인 객체입니다. 그런 요소가 수백 또는
수천 개 있다고 합시다. order72만 꺼내려고 해도 전체 배열을 지나가야 합니
다. 반면에 데이터 구조가 각 요소의 **id**가 키로 되어 있는 해시^hash라면 임의의
요소를 얻기가 훨씬 간단하고 빠릅니다.

필자는 전체 배열을 순회하면서 새로운 해시 객체를 생성하는 코드를 빠르게
만들 수 있지만 이런 작업은 챗GPT에게도 식은 죽 먹기죠. 챗GPT는 reduce
함수를 제안합니다.

I have an array in TypeScript with the following shape.

> (Paste the above JSON here.)

I want to convert it from an array to a hash array so that can ad-
dress each object by its "id".

한글 타입스크립트로 다음과 같은 형태의 배열을 만들었습니다.

> (위의 JSON을 여기에 붙입니다.)

"id"로 각 객체를 참조할 수 있도록 배열을 해시 배열로 변환하고 싶습니다.

reduce 메서드를 사용해 "id" 속성을 키로 하는 새로운 객체를 만들어 해시 배열로 변환할 수 있습니다. 예를 들면 다음과 같습니다.

```
const hashArray = orders.reduce((acc, config) => {
  acc[config.id] = config;
  return acc;
}, {});
```

이렇게 하면 hashArray["order2"]와 같은 식으로 "id"로 각 객체를 참조 할 수 있습니다.

그런 다음 독립형standalone 함수로 만들어달라고 요청해 답을 얻었습니다(결과 는 생략).

4.3 문자열 조작

텍스트를 조작할 일이 자주 있나요? 필자는 그렇습니다. 긴 입력에서 작은 텍 스트 조각을 추출하거나, 어떤 문자열이 다른 문자열 안에 있는지 판단하거나, 문자열에 패딩을 붙이는 등의 작업이죠. 이런 작업은 간단하기는 하지만 코드 를 직접 타이핑하지 않아도 된다면 더 편리하겠죠.

4.3.1 검색

긴 문자열 안에서 특정 단어를 모두 찾는 문제를 생각해봅시다. 챗GPT는 어 떻게 할까요?

```
const text = "The quick brown fox jumps over the lazy dog.";

// 부분 문자열 "the"의 모든 인스턴스를 찾기 (대소문자 구분하지 않음)
const substring = /the/gi;
const matches = text.match(substring);

// 찾은 것들을 출력하기
console.log(matches);
```

챗GPT는 바로 정규 표현식을 쓰는군요. 정규 표현식은 7장에서 자세히 다룹니다.

코파일럿도 정규 표현식을 사용하지만 방향이 완전히 다르네요.

```
const regex = /the/gi;
let m;

while ((m = regex.exec(text)) !== null) {
  // 길이가 0인 경우로 인한 무한 루프를 방지
  if (m.index === regex.lastIndex) {
    regex.lastIndex++;
  }

  // m 변수를 이용해 결과에 접근할 수 있음
  m.forEach((match, groupIndex) => {
    console.log(`Found match, group ${groupIndex}: ${match}`);
  });
}
```

이 코드가 완전히 이해되지는 않는군요. 재미 삼아 챗GPT에 붙여넣고 설명을 부탁해봅시다. 이렇게 답하네요.

이 자바스크립트 코드는 정규 표현식을 사용해 텍스트에서 부분 문자열 "the"를 모두 찾아 콘솔에 로깅합니다. 작동 방식을 자세히 설명하면 다음과 같습니다.

`const regex = /the/gi;` – 이 줄은 부분 문자열 "the"에 일치하는 정규 표현식인 `/the/`를 만듭니다. `g`와 `i` 플래그는 각각 전역 탐색과 대소문자를 구분하지 않는 탐색을 수행하는 데 사용됩니다.

`let m;` – 이 줄은 변수 `m`을 선언하며 초기화는 하지 않습니다.

`while ((m = regex.exec(text)) !== null) {` – 이 줄은 `m`을 `regex.exec(text)` 메서드를 호출한 결과로 설정합니다. 이 메서드는 텍스트에서 정규 표현식이 일치하는 다음 위치에 대한 정보 배열을 반환합니다. `while` 문은 `m`이 `null` 값이 아닌 동안 계속됩니다.

`if (m.index === regex.lastIndex) { regex.lastIndex++; }` – 이 줄은 일치한 결과의 너비가 0(즉, 빈 문자열)인지 확인합니다. 만약 그렇다면 무한 루프를 피하기 위해 `regex` 객체의 `lastIndex` 속성값을 증가시킵니다.

`m.forEach((match, groupIndex) => { console.log(Found match, group ${groupIndex}: ${match}); });` – 이 줄은 `forEach()` 메서드를 사용해 `m` 배열에 있는 일치 항목들을 순회합니다. 그리고 템플릿 리터럴을 사용해 일치 항목과 그룹 인덱스를 콘솔에 로깅합니다.

전반적으로 이 코드는 이전 코드 예제를 발전시킨 버전으로, `regex.exec()` 메서드를 사용해 각 일치 항목을 순회하고 해당 속성에 접근하는 버전입니다. `forEach()`를 사용하면 출력을 보다 세밀하게 제어할 수 있고 일치 항목의 그룹 인덱스에 접근할 수 있으므로 더 복잡한 정규 표현식으로 작업할 때 유용할 수 있습니다.

마지막 단락을 자세히 읽어보세요. 챗GPT는 필자가 코파일럿에서 붙여넣은 코드가 원래 질문과 관련이 있다는 것을 인식하고는 같은 개념의 더 발전된 예라고 설명합니다. 정말 놀랍네요!

4.3.2 공백 제거

때로는 긴 텍스트에 너무 많은 공백이 포함된 경우가 있습니다. 이런 문자열에서 중요한 텍스트는 유지하고 필요 없는 공백을 제거할 수 있을까요?

챗GPT에 공백이 많이 들어 있는 샘플 로렘 입숨lorem ipsum 텍스트를 생성하도록 요청해봅시다.

```
const loremIpsumWithWhitespace = `
Lorem ipsum dolor sit amet, consectetur adipiscing elit. Fusce
molestie turpis nec felis malesuada accumsan. Vestibulum
tincidunt lacus nec nulla dignissim blandit. Morbi tristique,
enim eu imperdiet luctus, nisl turpis aliquam nunc, eu interdum
purus velit quis velit. Curabitur vel semper tellus, at iaculis
lectus. Morbi sed lectus ac nibh eleifend tristique. Praesent
sagittis elit vel dui consequat, eu maximus purus molestie.
Integer varius pharetra odio, non vestibulum urna lobortis et.
Sed et eleifend lorem, quis mollis ipsum.
Pellentesque consectetur mauris sed risus laoreet, vel male-
suada augue convallis. Nullam vestibulum commodo metus, id
tristique est suscipit id. Etiam pretium sagittis malesuada.
Vivamus sit amet mi lorem. Etiam hendrerit euismod libero, nec
accumsan massa laoreet vel. Donec viverra felis et urna frin-
gilla, non convallis tellus egestas. Suspendisse faucibus quam
in erat sagittis dignissim. Duis maximus risus sit amet eros
bibendum feugiat.`;
```

그리고 이런 입력을 받아 중요하지 않은 공백이 모두 제거된 문자열을 반환하는 제네릭 함수를 요청합니다.

```
function removeInsignificantWhitespace(text) {
    // 공백 문자를 모두 단일 공백으로 바꾸기
    const stripped = text.replace(/\s+/g, " ");

    // 선행/후행 공백 및 줄바꿈 제거하기
    return stripped.trim();
}
```

이 함수는 먼저 정규 표현식(/\s+/g)을 사용해 하나 이상의 공백 문자(공백, 탭, 줄바꿈 등)가 등장하는 곳을 모두 찾아서 replace()를 사용해 하나의 공백 문자로 바꿉니다.

그리고 결과로 나온 문자열이 trim() 메서드에 전달됩니다. 이 메서드는 앞이나 뒤의 공백과 줄바꿈을 제거합니다.

이렇게 하면 최종 출력은 필요한 공백 문자(예를 들어 단어 사이에 있는 공백)만 포함하고 불필요한 공백은 포함하지 않게 됩니다.

코파일럿으로도 테스트해봅시다. 이전의 긴 자바스크립트 상수로 시작하고 비슷한 프롬프트를 제공합니다. 결과는 조금 더 간결하네요.

```
// Function to remove all the whitespace from a string
한글 문자열에서 공백을 모두 제거하는 함수
function removeWhitespace(text: string) {
  return text.replace(/\s/g, '');
}
```

코파일럿의 결과에서 재미있는 점은 긴 텍스트를 붙여넣자 자체 주석을 제안한다는 것입니다. 코파일럿의 강점은 애플리케이션 전체를 파악하는 데 있음을 항상 기억하세요.

4.3.3 공백 패딩

이제 퍼즐 배열을 살펴봅시다. 고정 너비 글꼴의 텍스트만 사용해 예쁜 포맷을 생성하려면 어떻게 해야 할까요? 챗GPT는 다음 함수를 제공하고 출력 샘플도 함께 보여줍니다.

```typescript
const printTable = (puzzles: Puzzle[]): void => {
  console.log('ID  Size  Solution');
  console.log('--------------------');
  puzzles.forEach(puzzle => {
    console.log(`${puzzle.id.toString().padEnd(4, ' ')}$
      {puzzle.size.toString().padEnd(6, ' ')}${puzzle.solution[0]}`);
  });
};

printTable(demoPuzzles);
```

이 코드는 다음과 같이 고정 너비 글꼴로 만들어진 **demoPuzzles** 배열을 테이블로 출력합니다.

```
ID  Size  Solution
--------------------
88   4     abetbabeebontent
89   4     icedcaveevendent
90   8     abetracemirestun
91   8     cageheaturicmyth
```

이번에는 코파일럿의 답을 봅시다. 뭔가 다른 답을 주지만 트릭을 쓴 것 같군요.

```
// Print the puzzles array as a table, using only text, suitable for output
with a fixed-width font.
```
한글 고정 너비 글꼴 출력에 적합하도록, 텍스트만 사용한 퍼즐 배열을 테이블로 출력하기

```
printPuzzles() {
  let puzzleTable = this.demoPuzzles.map(p => {
    return { id: p.id, size: p.size, solution: p.solution.join(' ') };
  });
  console.table(puzzleTable);
}
```

엄밀히 말하면 `console.table`은 필자가 요청한 것을 정확히 수행합니다. 그 점에서는 맞다고 볼 수 있죠. 힌트를 좀 더 줘서 챗GPT가 준 것과 비슷해질지 봅시다.

```
// Print the puzzles array as a table, using only text, suitable for output
with a fixed-width font, using console.log.
```
한글 `console.log`를 사용해, 고정 너비 글꼴 출력에 적합하도록, 텍스트만 사용한 퍼즐 배열을 테이블로 출력하기

```
printPuzzles() {
  // 퍼즐 데이터를 정렬하는 데 사용하기 위해 가장 긴 퍼즐 id 얻기
  const longestId = this.demoPuzzles.reduce((longest, puzzle) =>
    Math.max(longest, puzzle.id.toString().length), 0);

  // 헤더 줄 출력하기
  console.log(`id${' '.repeat(longestId - 2)} | size | solution`);
  console.log('-'.repeat(longestId + 2) + '-+-' + '-'.repeat(5) + '-+-' +
    '-'.repeat(16));

  // 퍼즐 줄 출력하기
  this.demoPuzzles.forEach(puzzle => {
    console.log(
      `${puzzle.id}${' '.repeat(longestId - puzzle.id.toString().length)}` +
      `| ${puzzle.size} | ${puzzle.solution.join('   ')}`);
  }
}
```

이번엔 더 잘했네요. 열을 올바르게 채울 수 있도록 가장 긴 `id`를 찾는다는 점이 마음에 듭니다. 좋은 접근이네요.

4.3.4 CSV 파일 생성

배열을 쉼표로 구분된 파일(CSV)로 출력하려면 어떻게 할까요? 코파일럿은 이전과 거의 같은 코드에 약간의 로직을 추가해줍니다.

```
// Generate a CSV file containing the puzzles array
한글 퍼즐 배열을 담은 CSV 파일을 생성하기
generateCsv() {
  // 헤더 줄과 각 퍼즐 줄이 있는 CSV 파일을 생성하기
  const csv = 'id,size,solution\r\n' + this.demoPuzzles.map(puzzle =>
    `${puzzle.id},${puzzle.size},"${puzzle.solution.join(' ')}"`
  ).join('\r\n');

  // CSV 파일을 디스크에 쓰기
  require('fs').writeFileSync('puzzles.csv', csv);
}
```

AI를 활용해 작업할 때의 위험 중 하나는 만들어진 코드가 그럴싸해 보이지만 사실 버그가 있을 수 있다는 점입니다. 이 예제에서 쉼표가 포함된 필드가 하나라도 있다면 이 함수의 출력은 CSV 파일로 읽히지 않습니다.

챗GPT도 거의 동일한 코드를 제공합니다. 다만 퍼즐 필드에 쉼표가 있는 경우를 처리해줍니다.

```
import * as fs from 'fs';

const generateCSV = (puzzles: Puzzle[]): void => {
  const header = 'id,size,solution\n';
  const rows = puzzles.map(puzzle =>
    `${puzzle.id},${puzzle.size},"${puzzle.solution.join(';')}"\n`);
  const csv = header + rows.join('');
  fs.writeFileSync('puzzles.csv', csv);
```

```
    };

    generateCSV(demoPuzzles);
```

코파일럿과 챗GPT 모두 필자가 노드^{Node.js}를 사용한다고 간주하고 **fs** 라이브

러리를 사용하며 챗GPT는 노드의 **fs** 모듈이 필요하다고 추가로 설명합니다.

이 코드를 실행하려면 **fs** 모듈과 노드 런타임이 설치돼 있어야 합니다.

4.3.5 HTML 생성

HTML 생성도 요청할 수 있습니다. 챗GPT는 퍼즐 배열과 객체의 모양까지
기억하면서 요청을 정확히 수행합니다.

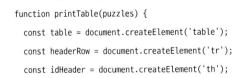

Create a function in JavaScript that will output the puzzles array
as an HTML table.

한글 자바스크립트로 퍼즐 배열을 HTML 테이블로 출력하는 함수를 만듭니다.

```
function printTable(puzzles) {
  const table = document.createElement('table');
  const headerRow = document.createElement('tr');
  const idHeader = document.createElement('th');
```

```
        const sizeHeader = document.createElement('th');
        const solutionHeader = document.createElement('th');

        idHeader.textContent = 'ID';
        sizeHeader.textContent = 'Size';
        solutionHeader.textContent = 'Solution';

        headerRow.appendChild(idHeader);
        headerRow.appendChild(sizeHeader);
        headerRow.appendChild(solutionHeader);
        table.appendChild(headerRow);

        puzzles.forEach(puzzle => {
          const row = document.createElement('tr');
          const idCell = document.createElement('td');
          const sizeCell = document.createElement('td');
          const solutionCell = document.createElement('td');

          idCell.textContent = puzzle.id;
          sizeCell.textContent = puzzle.size;
          solutionCell.textContent = puzzle.solution.join(';');

          row.appendChild(idCell);
          row.appendChild(sizeCell);
          row.appendChild(solutionCell);
          table.appendChild(row);
        });

        document.body.appendChild(table);
      }

      printTable(demoPuzzles);
```

챗GPT는 기대 이상이군요. 필자는 하드 코딩된 문자열이 잔뜩 들어 있는 HTML 구문을 예상했지 DOM 조작을 사용할 것이라고는 기대하지 않았네요. 물론 많은 경우에 이것이 더 나은 방식일 수도 있습니다.

코파일럿도 이만큼 할 수 있을까요? 시도해보니 필자가 원래 예상했던 HTML 구문을 제공하는군요.

```
// Function to output the puzzles array as an HTML table
한글 퍼즐 배열을 HTML 테이블로 출력하는 함수
printPuzzlesAsHtml() {
  // 퍼즐 데이터를 정렬하는 데 사용하기 위해 가장 긴 퍼즐 id 얻기
  const longestId = this.demoPuzzles.reduce((longest, puzzle)
    Math.max(longest, puzzle.id.toString().length), 0);

  // 헤더 줄 출력하기
  console.log('<table>');
  console.log('<tr><th>id</th><th>size</th><th>solution</th></tr>');

  // 퍼즐 줄 출력하기
  this.demoPuzzles.forEach(puzzle => {
    console.log(`<tr><td>${puzzle.id}</td><td>${
      puzzle.size}</td><td>${puzzle.solution.join(' ')}</td></tr>`);
  });

  console.log('</table>');
}
```

이것이 코파일럿이 DOM API를 사용할 줄 모른다는 뜻은 아닙니다. 프롬프트를 조금 바꿔볼까요?

```
// Function that uses the DOM API to output the puzzles array as an HTML table
한글 DOM API를 사용해 퍼즐 배열을 HTML 테이블로 출력하는 함수
private outputPuzzles(puzzles: Puzzle[]): void {
```

```javascript
const table = document.createElement('table');
const header = document.createElement('tr');
header.innerHTML = '<th>ID</th><th>Size</th><th>Solution</th>';
table.appendChild(header);
puzzles.forEach(puzzle => {
  const row = document.createElement('tr');
  row.innerHTML =
    `<td>${puzzle.id}</td><td>${puzzle.size}</td><td>${puzzle.solution}</td>`;
  table.appendChild(row);
});
document.body.appendChild(table);
}
```

더 나은지는 잘 모르겠군요. 결국 DOM 호출과 HTML 문자열 리터럴을 조합해서 제공하네요. 지금의 AI 도구들이 이렇습니다. 원하는 코드를 얻으려면 동일한 작업을 두 번 이상 시도해야 하는 경우가 많죠.

4.4 정리

이 장에서는 배열과 문자열 조작에 중점을 뒀습니다. 대부분의 일상 업무에 포함되는 작업이죠. 여러분이 주로 사용하는 알고리즘과는 다를 수 있겠지만 많은 경우에 챗GPT와 코파일럿을 사용하면 타이핑하는 시간이 크게 절약됩니다. 이때 기억할 점은 사용을 요청할 프로그래밍 언어만큼이나 프롬프트가 중요하다는 것입니다.

때로는 올바른 코드를 얻기 위해 여러 프롬프트를 시도해야 하며 AI 도구로 코드를 얻었다면 제대로 돌아가는지 반드시 확인해야 합니다. 두 도구 모두 보기에는 그럴듯하지만 에지 케이스를 처리하지 못하는 코드를 생성할 수도 있습니다.

프로그래머는 여러분이지 AI가 아닙니다. 이 점을 명심합시다.

5장 RxJS 학습하기

▶ 이미지 출처: 픽사베이 Gerd Altmann(geralt)

이전 장에서는 일반적인 알고리즘 작업에 코파일럿과 챗GPT를 활용했습니다. 두 도구가 RxJS^{Reactive Extensions for JavaScript}를 학습하거나 명확하지 않은 문법을 기억하는 데도 유용할까요?

많은 사람이 RxJS를 선호하지 않습니다. 사용하기가 너무 복잡해서 잘 안 쓰려는 경향이 있죠. RxJS가 배우기 어려운 것은 맞지만 '반응적으로' 생각하는 법을 배우고 RxJS를 효과적으로 사용하면 그만한 가치가 있습니다.

이 장에서는 RxJS를 배우는 데 코파일럿이 얼마나 유용한지 알아봅니다. 앞서 사용했던 퍼즐 배열을 계속 사용합니다. 한 번 더 상기하자면 다음과 같습니다.

```
// Partial array of "puzzles" for this example
```
한글 이 예제를 위한 "puzzles"의 부분 배열
```
private demoPuzzles: Puzzle[] = [
  { id:88, size: 4, solution: ['abetbabeebontent'] },
  { id:89, size: 4, solution: ['icedcaveevendent'] },
  { id:90, size: 8, solution: ['abetracemirestun', 'armsbaitecruteen'] },
  { id:91, size: 8, solution: ['cageheaturicmyth', 'chumaerygaitetch'] }
];
```

5.1 from과 of

퍼즐이 게임의 일부이며 옵저버블의 스트림으로 존재한다고 가정합시다. 게임이 외부 소스로부터 퍼즐을 가져온다고 가정하고, 이 값들이 어디에서 오는지는 신경 쓰지 않습니다. 새로운 퍼즐이 주어질 때마다 게임은 '무언가'를 할 겁니다.

코파일럿에 주석을 작성해봅시다.

```
// Create a new observable from the demo Puzzle array
```
한글 데모 퍼즐 배열에서 새로운 옵저버블 만들기
```
const puzzles$ = from(this.demoPuzzles);
```

완벽하네요! RxJS 함수 from은 배열의 각 요소에 대해 새 값을 내보냄으로써 옵저버블을 만들어내는군요. 바로 이것이 필자가 원했던 것입니다. 또한 식별자에 $를 추가하는 일반적인 명명 규칙을 사용해 옵저버블임을 나타냅니다.

RxJS 연산자 of 또한 배열에서 옵저버블을 만들어냅니다. 다만 of는 전체 배열을 담은, 한 번만 방출할 수 있는 옵저버블을 만듭니다. 필자가 원했던 것이 아니죠. 어떻게든 코파일럿이 이를 짐작했군요.

5.2 filter

이제 옵저버블이 생겼으니 뭔가를 해봅시다. 더 간단하고 일반적인 RxJS 연산자인 filter부터 볼까요?

RxJS filter 연산자는 이름에서 알 수 있듯이 특정 조건과 일치하는 항목만 포함하도록 기존 스트림을 필터링하는 데 사용합니다.

게임 플레이어가 크기가 4인 퍼즐만 보고 싶다면 어떻게 할까요? 코파일럿에 주석을 입력해봅시다.

```
// Filter puzzles to only those of size 4
한글 크기가 4인 퍼즐만 필터링하기
const size4$ = puzzles$.pipe(filter(puzzle => puzzle.size === 4));
```

이전과 같은 명명 규칙을 사용해 size4$라는 새로운 옵저버블을 만드는군요.

filter 연산을 사용하려면 먼저 RxJS 함수 pipe를 사용해야 한다는 것도 정확히 알고 있네요. RxJS 옵저버블을 사용할 때, 밸류 스트림을 구독하기 전에 뭔가를 하고 싶다면 pipe 함수에 연산자 리스트를 전달해야 합니다.

다음으로, 크기가 4인 퍼즐을 선택하려면 filter 연산자가 필요하다는 것을 올바르게 추론합니다. 이는 스트림의 각 항목을 일치시키는 방법을 정의하는 콜백 함수를 사용합니다. 친숙해 보인다면 Array.filter와 똑같이 작동하기 때문입니다.

주석에 '필터'라는 단어를 사용한 것이 코파일럿에게 힌트가 됐을까요? 다른 문구를 사용하면 어떻게 될까요? 앞선 코드와 주석을 삭제하고 완전히 새로운 것을 입력해봅시다. '선택'이나 '필터'처럼 힌트가 될 수 있는 단어는 빼고요. 다음과 같은 결과가 나오네요.

```
// Give me only the puzzles of size four
한글 크기가 넷인 퍼즐만 주기
const size4$ = puzzles$.pipe(filter(puzzle => puzzle.size === 4));
```

이번에도 pipe에 filter 연산을 추가해야 한다고 정확히 판단하고 '넷'을 '4'로 바꾸는군요. 인상적입니다.

5.3 map

앞서 본 퍼즐의 일부만 원한다고 가정합시다. 퍼즐의 첫 번째 솔루션만 표시해볼까요?

객체를 다른 객체로 강제 변환할 때는 먼저 map 연산자를 사용합니다. 이 연산자는 자바스크립트의 배열 함수 map과 이름이 같고 매우 비슷합니다.

코파일럿에 다음 주석을 입력해봅시다.

```
// Display only the first solution of each puzzle
한글 각 퍼즐의 첫 번째 솔루션만 출력하기
const firstSolution$ = size4$.pipe(map(puzzle => puzzle.solution[0]));
```

필자가 이전 명령의 출력을 사용할 것이라고 올바르게 가정하고 이전의 size4$ 값을 제공하는군요. 이처럼 코파일럿은 소스 코드의 콘텍스트를 알고 있습니다.

유일하게 마음에 안 드는 것은 firstSolution$이라는 상수명인데 더 나은 이름이 생각나지는 않는군요.

여기까지 하면, 필터링과 매핑을 통해 크기가 4인 퍼즐들의 첫 번째 솔루션만 제공하는 옵저버블을 얻게 됩니다.

5.4 전체 파이프라인 작성

코파일럿이 전체 파이프라인을 작성하도록 주석을 입력하면 어떨까요? 결과를 봅시다.

```
// Give me the first solution of each size-4 puzzles
```
한글 크기가 4인 각 퍼즐의 첫 번째 솔루션 만들기
```
puzzles$.pipe(
  filter(puzzle => puzzle.size === 4),
  map(puzzle => puzzle.solution[0]),
  first()
).subscribe(solution => console.log(solution));
```

근접하긴 하지만 필자가 원했던 것은 아닙니다. 주석에 들어간 'of' 때문에 이런 결과가 나오는 것 같습니다. 게다가 원치 않는 subscribe를 쓰라고 하는군요. RxJS 솔루션을 만들 때 subscribe를 사용해 구독을 하면 언제 unsubscribe를 해야 할지 기억해야 해서 필자는 가능한 한 사용하지 않습니다.

힌트를 조금 더 주면 나아질까요? 주석 다음 줄에 const를 입력해서 구독하는

형태가 아닌 상수를 원한다는 힌트를 줍니다.

```
// Give me the first solution for each size-4 puzzles
한글 크기가 4인 각 퍼즐의 첫 번째 솔루션 만들기
const
firstSolution$ = puzzles$.pipe(
 filter(puzzle => puzzle.size === 4),
 map(puzzle => puzzle.solution[0]),
 first()
);
```

조금 낫네요. 하지만 전혀 원치 않는 first()를 추가하는군요. 주석에 들어간 '첫 번째'라는 표현 때문일 겁니다.

first()는 옵저버블 스트림의 첫 번째 값만 제공하는데 이는 필자가 원하는 것이 아닙니다. 스트림의 각 값에서 첫 번째 퍼즐을 원하죠. 미세하지만 중요한 차이입니다.

마지막으로 조정해서 원하는 결과에 좀 더 다가갈 수 있을지 봅시다.

```
// Give me the first solution inside each puzzle of size four
한글 크기가 넷인 각 퍼즐 안에서 첫 번째 솔루션 만들기
const firstSolution$ = puzzles$.pipe(
  filter(puzzle => puzzle.size === 4),
  map(puzzle => puzzle.solution[0])
);
```

정확히 이것이 필자가 원했던 것입니다. 의도하는 것을 주석에 아주 상세히 입력해야 원하는 결과를 얻을 수 있군요. 첫 번째 시도에 성공하지 않더라도 얼마든지 다시 시도할 수 있습니다.

5.5 take

take 연산자는 옵저버블 객체에서 특정 개수의 방출만 취한 다음 자동으로 연결을 끊는 데 사용합니다. 코파일럿은 이를 구성하는 방법을 정확히 알고 있습니다. 다음 주석을 입력해봅시다.

```
// Take only the first two size 8 puzzles
```
한글 크기가 8인 퍼즐의 처음 두 개만 취하기
```
const firstTwoSize8Puzzles$ = this.demoPuzzles$.pipe(
  filter(puzzle => puzzle.size === 8),
  take(2)
);
```

약간 꼬아볼까요? 앞선 예에서 얻은 퍼즐만 로깅하도록 요청합니다.

```
// Log the first two size 8 puzzles to the console
```
한글 크기가 8인 퍼즐의 처음 두 개만을 콘솔에 로깅하기
```
firstTwoSize8Puzzles$.subscribe(puzzle => console.log(puzzle));
```

앞서 만든 코드를 기반으로 제대로 만드는군요.

5.6 tap

때로는 스트림 또는 다운스트림 연산자에 영향을 주지 않고 옵저버블 스트림의 값을 보고 싶을 때가 있습니다. tap 연산자는 바로 이런 시나리오를 위해 만들어졌습니다. 코파일럿이 tap을 사용해 바로 전 로깅 문을 다시 쓸 수 있을지 확인해봅시다.

```
// Take the first two size 8 puzzles, but log all puzzles to the console
```
한글 크기가 8인 퍼즐의 처음 두 개만을 취하되 콘솔에는 모든 퍼즐을 로깅하기

```
const demoPuzzles2$ = demoPuzzles$.pipe(
  tap(puzzles => console.log(puzzles)),
  filter(puzzles => puzzles.size === 8),
  take(2)
);
```

딱 좋아 보이지만 상수 이름이 별로군요. 하지만 코파일럿은 필자가 sub-scribe 사용을 꺼린다는 점을 기억해주는 것 같으니 상수 이름 정도는 넘어가도록 하죠.

5.7 subscribe

필자가 subscribe를 어설프게 사용하는 것을 꺼리기는 하지만, 코파일럿이 옵저버블에 subscribe를 사용하도록 할 수 있을까요? 프롬프트만 정확하게 제공한다면 가능합니다. (Enter) 키를 누르자마자 코파일럿은 즉시 다음 코드를 제공합니다.

```
demoPuzzles2$.subscribe(puzzles => console.log(puzzles));
```

그대로 쓸 수 있는 코드군요. 바로 필자가 원했던 것입니다. 코파일럿이 마음을 읽은 것 같네요.

5.8 챗GPT는 어떨까요?

챗GPT는 여기에 딜 유용합니다. 생성된 코드를 설명해줘서 더 좋을 것이라고 생각했지만 RxJS에 챗GPT를 사용해보니 프롬프트를 너무 문자 그대로 받아들이는 것 같아서 아쉽더군요.

예를 들어 처음 두 요소를 얻기 위해 take를 사용하는 것에 관해 묻자 챗GPT는 완전한 함수를 작성했습니다. 반면 코파일럿은 필요할 때 필요한 만큼의 코드를 제공하는 경향이 있죠.

챗GPT가 뛰어난 점은 코파일럿이 작성한 코드를 설명하는 데 있습니다. 다음 장으로 넘어가기 전에 한번 시도해봅시다. 특정 코드가 어떤 작업을 수행하는지 질문해볼까요? 인상적인 분석을 제공하는군요.

What does the following code block do?

한글 다음 코드 블록은 어떤 일을 하나요?

```
const firstSolution$ = puzzles$.pipe(
  filter(puzzle => puzzle.size === 4),
  map(puzzle => puzzle.solution[0])
);
```

이 코드는 다음 작업을 수행합니다.

앞서 본 demoPuzzles 배열과 유사하게 더 큰 Puzzle 객체 배열의 각 요소를 방출하는 옵저버블 puzzles$를 만듭니다.

pipe 메서드를 사용해 puzzles$ 옵저버블의 방출에 적용할 연산자 체인을 만듭니다.

체인의 첫 번째 연산은 `filter`로, size 속성이 4가 아닌 퍼즐을 모두 필터링합니다. 즉 size가 4인 퍼즐만 체인으로 이어질 수 있습니다.

체인의 두 번째 연산은 `map`입니다. 이 연산은 남은 퍼즐을 첫 번째 솔루션에 매핑합니다. Puzzle 객체의 solution 속성은 문자열 배열이므로 배열 인덱싱 연산자 `[0]`을 사용해 배열의 첫 번째 요소를 솔루션으로 선택합니다.

결과적으로 옵저버블 `firstSolution$`은 size가 4인 각 퍼즐의 첫 번째 솔루션을 방출합니다.

요약하면 이 코드는 size로 Puzzle 객체 스트림을 필터링하고 남은 퍼즐을 첫 번째 솔루션에 매핑합니다. 결과적으로 size가 4인 각 퍼즐의 첫 번째 솔루션을 나타내는 문자열 스트림이 됩니다.

5.9 정리

RxJS에는 여기서 소개한 것보다 훨씬 많은 연산자가 있습니다. 대부분의 개발자는 주로 십여 개만을 사용하지만 사실 RxJS 연산자는 100개가 넘죠. 이 장의 목적은 RxJS를 완벽하게 테스트하는 것이 아닙니다. 초심자가 RxJS를 익히는 데 코파일럿이 도움이 되는지 알아보는 것이죠. 이후에 좀 더 적절한 콘텍스트에서 RxJS를 사용해봅니다.

RxJS 사용법을 배우는 데 코파일럿이 유용할까요? 필자는 회의적입니다. 항상 원하는 코드를 제공하지는 못하니까요. RxJS 초심자는 무엇이 맞고 언제 다시 시도해야 하는지 알 만큼 충분한 경험이 없을 겁니다. 틀린 코드에 오도될 수 있죠. 한편 RxJS의 기초를 알고 있는 숙련된 자바스크립트 개발자에게는 좋은 도구일 겁니다. 필요에 맞는 연산자를 선택해줄 것이라고 적당히 기대하면서 사용하면 되겠죠.

결론적으로 코파일럿은 유용한 도구이고 대부분의 경우 도움이 됩니다. 다만 많은 경우 정답을 얻기 위해 재조정해야 한다는 점을 기억해야 합니다.

챗GPT는 초심자가 코드를 이해할 수 있도록 설명하는 데 탁월합니다. 텍스트 상자에 붙여넣고 설명을 요청하기만 하면 됩니다. 아주 큰 강점이죠.

6장 앵귤러 HttpClient

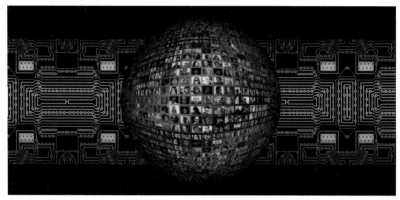

▶ 이미지 출처: 픽사베이 Gerd Altmann(geralt)

RxJS를 많이 사용하는 앵귤러의 `HttpClient`를 생각해봅시다. 실제로 앵귤러 개발자들이 `HttpClient`에서 RxJS를 처음 접하는 경우가 많습니다. 진입 장벽이 좀 있죠.

이 장에서는 앵귤러의 `HttpClient`를 사용할 때 자주 맞닥뜨리는 코딩 패턴에 코파일럿과 챗GPT가 얼마나 도움이 되는지 알아봅니다. 앵귤러 개발자가 아니더라도 이 과정은 이해해두면 좋습니다.

6.1 전형적인 앵귤러 서비스

빈 웹 페이지로 시작해서 코드를 얼마나 적게 직접 입력하고도 끝낼 수 있는지 확인해봅시다. 코파일럿은 어떤 종류의 파일로 작업하고 있는지 알아야 하므로, VS코드에서 창의 오른쪽 하단에 있는 파일 형식을 클릭하고 타입스크립트 옵션을 선택합니다. 그리고 파일 맨 위에 다음 주석을 입력합니다.

```
// Provide service in root
```
한글 루트에 있는 서비스 제공하기
```
@Injectable({
  providedIn: 'root'
})
```

코파일럿은 즉시 세 줄을 써주더니 거기서 멈춥니다. 사용자가 더 많은 정보를 제공하기를 기다리는 듯하군요. 그렇게 하지 않고 (Tab) 키를 눌러봅시다. 응답은 다음과 같습니다.

```
export class ApiService {
  // API 주소
  private apiUrl = 'https://api.github.com/users';
  constructor(private http: HttpClient) {}
  // 사용자 정보 얻기
  getUser(username: string): Observable<User> {
    return this.http.get<User>(`${this.apiUrl}/${username}`);
  }
  // 저장소 정보 얻기
  getRepos(username: string): Observable<Repo[]> {
    return this.http.get<Repo[]> (`${this.apiUrl}/${username}/repos`);
  }
}
```

꽤 괜찮지만 원했던 결과는 아니네요. 추가 정보를 주지 않았다는 점을 감안해야겠죠. 클래스는 유지하고 일단 두 함수를 삭제해봅시다. 전체 파일은 다음처럼 됩니다.

```
// Provide service in root
```
한글 루트에 있는 서비스 제공하기
```
@Injectable({
  providedIn: 'root'
})
export class ApiService {
  // API 주소
  private apiUrl = 'https://api.github.com/users';
  constructor(private http: HttpClient) {}
}
```

이때 코파일럿이 앵귤러 식별자를 자동으로 임포트하지 않는다는 점을 발견했나요? 다행히 VS코드가 그 작업을 해줄 겁니다. 아니면 코파일럿에게 그렇게 하도록 요청할 수도 있겠죠. 파일 맨 위에 import를 입력해봅시다.

그렇게 했더니 아무 일도 일어나지 않는군요. 다른 힌트라면 도움이 될지도 모르겠네요. 파일 상단에 주석을 추가하고 import를 입력해봅시다. 그랬더니 나머지를 자동으로 제안하네요.

```
// Angular service
```
한글 앵귤러 서비스
```
import { Injectable } from '@angular/core';
import { HttpClient } from '@angular/common/http';
```

임포트가 처리됐으니 나머지 실험을 계속합시다.

6.2 간단한 HTTP GET

필자는 데모 앱을 만들 때마다 적절한 원격 데이터 API를 찾느라 고생합니다. 스스로 만들지 않고 흥미롭거나 재미있는 것을 찾을 수 있으면 좋겠는데요.

코파일럿에 무언가를 찾아달라고 요청해볼까요? apiUrl 변수와 관련 주석을 제거한 다음 클래스 맨 위에 새 주석을 입력합니다.

```
// Get some sample data from a remote web server
한글 원격 웹 서버에서 샘플 데이터 얻기
getSampleData() {
  return this.http.get('https://jsonplaceholder.typicode.com/todos/1');
}
```

기대했던 것은 아니지만 실행은 되네요. 다른 프롬프트로 시도해봅시다.

```
// Get all posts from the API
한글 API의 모든 포스트 가져오기
getAllposts() {
  return this.http.get('https://jsonplaceholder.typicode.com/posts');
}
```

멋지네요. 이 API는 완벽하게 작동하는군요.

6.3 RxJS 더하기

http.get을 호출하면 옵저버블이 반환되지만 지금은 이것으로 아무것도 하지 않습니다. 오류가 나면 어떻게 될까요? 오류 처리를 지원하기 위해

getAllPosts 안에 힌트를 추가해봅시다.

return을 const posts$로 바꾸니 다음처럼 되는군요.

```
const posts$ =
this.http.get('https://jsonplaceholder.typicode.com/posts');

// Log any errors from the API call
한글 API 호출의 오류를 모두 로깅하기

posts$.subscribe(
  posts => console.log(posts),
  err => console.log(err)
);
```

음, 필자가 원했던 것이 전혀 아니네요. .pipe와 .catchError를 사용하기를
기대했는데요. 힌트를 줘서 logError 함수를 만들어봅시다.

```
// Log any errors to the console
한글 모든 오류를 콘솔에 로깅하기

private handleError(error: any): Promise<any> {
  console.error('An error occurred', error);
  return Promise.reject(error.message || error);
}
```

필자의 의도에서 더 벗어나는 것 같네요. 다른 힌트로 다시 시도해봅시다.

```
// Log any errors in the observable to the console
한글 옵저버블의 모든 오류를 콘솔에 로깅하기

logError(err) {
  console.error('There was an error: ' + err);
}
```

좀 낫군요. 최소한 필자가 타이핑하려고 했던 것은 제공하네요. 이번에는 코파일럿이 파일에서 해당 함수를 발견해서 자동으로 호출하는지 확인해볼까요?

```
// Detect and handle errors in the observable stream before returning to the
caller.
한글 옵저버블 스트림에서 오류를 감지하고 처리한 다음 호출자에게 반환하기
posts$.subscribe(
  data => console.log(data),
  err => console.error(err),
  () => console.log('done loading posts') // 옵저버블이 완료되면 호출됨
);
return posts$;
```

앵귤러와 HttpClient 또는 RxJS를 많이 다뤄보지 않았다면 이 코드가 적절하다고 생각할 수 있습니다. 하지만 적어도 이 콘텍스트에서는 적절하지 않습니다. 이 코드 블록은 함수가 작성된 방식으로 작동하지 않는 RxJS Subscription 객체를 반환합니다. 대부분의 클라이언트가 원하는 함수는 편리할 때 구독할 수 있는 옵저버블을 반환하는 함수일 겁니다.

한 가지만 더 시도해볼까요? 다음 줄에 주석 대신 posts$.pipe를 입력하고 코파일럿이 나머지를 제안하도록 합니다. 결과는 다음과 같습니다.

```
posts$.pipe(
  catchError(this.logError));
```

바로 필자가 원했던 것입니다!

눈치가 빠른 분은 알아챘겠지만 필자의 logError 함수는 더 이상 유효하지 않습니다. 옵저버블을 반환하기 위해 변경해야 했지만 코파일럿은 이 작업에 별

로 도움이 되지 않았네요. 필자가 직접 해야 했죠. 다음과 같이 만들어집니다.

```
// Log any errors in the observable to the console
```
한글 옵저버블의 모든 오류를 콘솔에 로깅하기
```
logError(err): Observable<any> {
  console.error('There was an error: ' + err);
  return of();
}
```

6.4 앵귤러 템플릿에 옵저버블 사용하기

옵저버블에서 값을 얻을 수 있어야 의미가 있겠죠. 이번에 살펴볼 예제는 해당 API 호출로부터 웹 페이지로 게시물을 가져오는 작업입니다.

빈 파일의 첫 번째 줄에 주석을 입력합니다. 코파일럿은 약간의 힌트만으로 다음 코드 블록을 제안합니다.

```
// Angular "Posts" component
```
한글 앵귤러 "Posts" 컴포넌트
```
import { component, OnInit } from '@angular/core';
@component ({
  selector: 'app-posts',

  template: `

    <h1>Posts</h1>
    <ul>
      <li *ngFor="let post of posts">
        {{ post.title }}
      </li>
    </ul>
```

```
    styles: []
  })
  export class PostsComponent implements OnInit {
    posts: any;
    constructor(private apiService: ApiService) { }

    ngOnInit() {
      this.apiService.getAllPosts().subscribe((data) => {
        this.posts = data;
      });
    }
  }
```

코파일럿이 처음 제안한 코드는 패턴과 스타일이 담긴 별도의 파일을 필요로 했습니다. 방식에는 문제가 없지만 이 예제에는 과잉입니다. 따라서 그 부분을 삭제하고 template과 styles를 수동으로 입력했습니다. 그랬더니 코파일럿이 나머지 부분을 추가했죠.

코파일럿은 다른 파일로부터 ApiService를 올바르게 찾아 참조했지만 임포트 문은 필자가 직접 수정해야 했습니다. 이는 VS코드가 처리해줄 수 있으므로 사소한 일이죠.

6.5 비동기 파이프 처리하기

앞서 언급했듯 필자는 옵저버블을 구독할 필요가 없다면 군이 하지 않기를 선호합니다. 앵귤러는 필요에 따라 자동으로 구독 및 구독 취소하는 async 파이프를 제공합니다. 코파일럿이 대신 처리하도록 해볼까요?

달러 기호를 접미사로 붙이는 옵저버블 변수명의 관행에 따라 변수 이름을 posts에서 posts$로 변경하고 ngOnInit의 본문을 삭제합니다. 그리고 함수 안에 빈 줄을 추가하자마자 코파일럿은 필자가 원하는 것을 정확히 제안합니다.

```
ngOnInit() {
  this.posts$ = this.apiService.getAllPosts();
}
```

남은 것은 템플릿이 수정되는지 확인하는 것뿐입니다. <li *ngFor로 돌아가 전체 블록을 지웁니다. 코파일럿은 그것을 원래대로 되돌리려고 하지만 그렇게 하면 실행될 수가 없습니다. posts라는 변수도 없기 때문에 리터럴 오류가 발생하죠.

포기하지 말고 <ul> 태그 바로 안에 HTML 주석을 추가해봅시다.

```
<ul>
  <!-- loop through the posts$ observable and display each post -->
  한글 <!-- posts$ 옵저버블을 순회하며 각 포스트를 출력 -->

  <li *ngFor="let post of posts$ | async">
    {{ post.title }}
  </li>
</ul>
```

성공이네요! 적절한 힌트를 제공하면 대체로 잘 작동한다는 점이 놀랍습니다.

6.6 챗GPT는 어떨까요?

예제를 살펴보는 동안 챗GPT는 등장하지 않았습니다. 대부분 코드 편집기에서 작업했기 때문에 코파일럿이 더 적합하다고 생각했죠. 이번에는 챗GPT의 기능을 테스트해봅시다. 코파일럿에 입력했던 힌트를 프롬프트로 사용해 챗GPT가 모든 것을 생성하도록 요청합니다.

다음은 프롬프트와 전체 출력입니다.

Build me a complete angular service that fetches some sample data (perhaps blog posts) from a remote web service. Be sure to log any errors encountered. Then create a web page implemented as an angular component, which displays the blog post titles from the service in an unordered list. Prefer to use the angular async pipe in the template rather than subscribing to the observable.

한글 원격 웹 서비스에서 샘플 데이터(아마도 블로그 게시물)를 가져오는 완전한 앵귤러 서비스를 만들어주세요. 발생한 오류를 모두 로깅해야 합니다. 그런 다음 앵귤러 컴포넌트로 구현된 웹 페이지를 만들어 서비스의 블로그 게시물 제목을 정렬되지 않은 리스트로 표시합니다. 옵저버블을 구독하는 것보다 템플릿에서 비동기 파이프를 사용하는 것을 선호합니다.

물론 기꺼이 도와드리겠습니다! 다음은 원격 웹 서비스에서 블로그 게시물을 가져오는 앵귤러 서비스와 컴포넌트의 구현 예입니다.

```
import { Injectable } from '@angular/core';
import { HttpClient } from '@angular/common/http';
import { Observable, throwError } from 'rxjs';
import { catchError } from 'rxjs/operators';
```

```
@Injectable({
  providedIn: 'root'
})
export class BlogPostService {

  private apiUrl = 'https://jsonplaceholder.typicode.com/posts';

  constructor(private http: HttpClient) { }

  getBlogPosts(): Observable<any[]> {
    return this.http.get<any[]>(this.apiUrl).pipe(
      catchError(error => {
        console.error('Error fetching blog posts:', error);
        return throwError(error);
      })
    );
  }
}
```

이 서비스는 앵귤러의 **HttpClient** 모듈을 사용해 지정된 API URL에 대한 HTTP GET 요청을 수행합니다. 요청 중에 오류가 발생하면 서비스는 콘솔에 오류를 로깅하고 **rxjs** 라이브러리의 **throwError** 메서드를 사용해 오류를 발생시킵니다.

```
import { Component, OnInit } from '@angular/core';
import { Observable } from 'rxjs';
import { BlogPostService } from '../blog-post.service';

@Component({
  selector: 'app-blog-post-list',

  template: `
    <h2>Blog Posts</h2>
```

```
  <ul>
    <li *ngFor="let post of posts$ | async">{{ post.title }}</li>
  </ul>
  `
})
export class BlogPostListComponent implements OnInit {

  posts$: Observable<any[]>;

  constructor(private blogPostService: BlogPostService) { }

  ngOnInit(): void {
    this.posts$ = this.blogPostService.getBlogPosts();
  }

}
```

이 컴포넌트는 템플릿에 있는 **async** 파이프를 사용해 **BlogPostService**에
서 반환된 **posts$** 옵저버블 객체를 구독합니다. 컴포넌트의 **ngOnInit** 메서
드는 **posts$** 옵저버블을 서비스에서 **getBlogPosts**를 호출한 결과로 설정합
니다.

마지막으로 **HttpClient**를 서비스에서 사용할 수 있도록 하기 위해
HttpClientModule을 앱 모듈의 **imports** 배열에 추가해야 합니다.

```
import { NgModule } from '@angular/core';
import { BrowserModule } from '@angular/platform-browser';
import { HttpClientModule } from '@angular/common/http';
import { AppComponent } from './app.component';
import { BlogPostListComponent } from './blog-post-list/blog-
post-list.component';

@NgModule({
  declarations: [
```

```
      AppComponent,
      BlogPostListComponent
    ],
    imports: [
      BrowserModule,
      HttpClientModule
    ],
    providers: [],
    bootstrap: [AppComponent]
  })
  export class AppModule { }
```

완성됐네요! 이 코드를 사용하면 앵귤러 컴포넌트에서 **async** 파이프를 사용해
원격 웹 서비스에서 검색된 블로그 게시물 제목 리스트를 표시할 수 있습니다.

와우! 챗GPT는 코파일럿과 거의 똑같은 코드에 설명까지 더했네요. 사실 이
결과는 코파일럿에서 얻은 것보다 더 완벽합니다.

유일하게 아쉬운 점은 약간 옛날 스타일로 만들어졌다는 것입니다. 앵귤러
14.2는 `NgModule` 내부에 포함시킬 필요가 없는 독립 실행형 구성 요소standalone
components의 개발자 프리뷰를 도입했습니다. 심지어 `NgModule`을 한 개도 사용
하지 않고 전체 애플리케이션을 작성할 수도 있죠. 앵귤러 15부터는 독립 실
행형 구성 요소가 공식적으로 프레임워크에 포함됐습니다.

이것은 사소해 보이지만 중요한 포인트입니다. 챗GPT는 지난 2년에 대한 지
식이 부족합니다. 챗GPT에 앵귤러 15의 독립 실행형 구성 요소로 앞서 본 애
플리케이션을 다시 작성해달라고 요청해봅시다. 다음과 같은 답을 주는군요.

죄송하지만 앵귤러 15는 존재하는 버전이 아닙니다 – 2021년 9월을 기준으로 최신 버전은 앵귤러 12입니다. 하지만 앵귤러 4에 도입된 ng-container 요소와 함께 앵귤러의 컴포넌트 없는 라우팅을 사용해 애플리케이션을 다시 작성하는 방법의 예를 제공할 수 있습니다.

이어서 챗GPT는 전과 거의 동일하지만 디폴트 라우팅을 추가한 버전을 제공합니다. 앵귤러 12는 2023년 8월 기준으로 최신 버전에 비해 네 버전이나 뒤처져 있으며 곧 다섯 버전이 뒤처지게 됩니다. 아마 더 이상 지원이 되지 않을 겁니다.

챗GPT는 수명이 비교적 긴 정보가 필요할 때는 놀라운 성능을 보여줍니다. 따라서 정규 표현식, 스크립팅 및 일반적인 알고리즘에는 매우 유용하죠. 한편 챗GPT 스스로 인정하듯 아주 오래된 정보를 제공할 수도 있습니다. 특히 변화의 속도가 빠른 이 산업에서는 더더욱 그렇습니다.

7장 정규 표현식

▶ 이미지 출처: 저자 및 오픈AI

입력 유효성 검사는 데이터 무결성을 보장하고 보안 취약성을 방지하는 중요한 구성 요소입니다. 하지만 효과적인 정규 표현식^{regex}을 만드는 작업은 시간이 많이 걸리는 어려운 일이기도 하죠. 이때 코파일럿과 챗GPT를 활용할 수 있습니다. 이 장에서는 주석 형식의 간단한 프롬프트만을 사용해 입력 유효성 검사를 위한 정규 표현식을 생성해봅니다.

> ### 정규 표현식 웹사이트
>
> 코파일럿의 결과를 테스트하기 위해 regex101 웹사이트를 활용합니다. 링크는 다음과 같습니다.
>
> - https://regex101.com
>
> 이 사이트에서는 테스트할 정규 표현식의 유형을 선택할 수 있으며 멋진 오류 탐지와 디버깅 기능도 제공합니다.

7.1 이메일 주소

가장 먼저 문자열이 유효한 이메일 주소인지 확인해봅시다. 코파일럿에 타입
스크립트 파일 안에 이메일 패턴을 만들어달라고 요청해볼까요?

```
// Email regex
한글 이메일 정규 표현식

emailRegex =
/^(([^<>()\[\]\\.,;:\s@"]+(\.[^<>()\[\]\\.,;:\s@"]+)*)|(".+"))@((\[[0-9]
{1,3}\.[0-9]{1,3}\.[0-9]{1,3}\.[0-9]{1,3}\])|(([a-zA-Z\-0-9]+\.)+[a-zA-Z]
{2,}))$/;
```

훌륭해 보이는군요. 실행이 되는지 regex101에 붙여넣어 테스트해봅시다. 몇
가지 이메일 주소를 빠르게 테스트한 결과는 다음과 같습니다.

매칭됨	매칭되지 않음
mike@company.com	mike@localhost
mike@company.co.uk	mike@10.0.0.1
x@y.com	mike@x.
mike@x.cc	Bill

매칭되지 않은 이메일 주소 중 처음 두 개는 유효하지만 코파일럿 정규 표현식
은 이를 매칭하지 못했군요. 챗GPT가 더 나을까요?

Give me a regular expression to validate an email address.

한글 이메일 주소의 유효성을 검사하는 정규 표현식을 알려주세요.

```
^[a-zA-Z0-9._%+-]+@[a-zA-Z0-9.-]+\.[a-zA-Z]{2,}$
```

코파일럿의 결과와 전혀 다르군요. 앞서 사용한 이메일 주소를 regex101로 테스트해보면 결과는 똑같습니다. 챗GPT는 제공된 정규 표현식에 대한 긴 설명을 제공했는데 책에서는 생략했습니다.

나쁘지는 않습니다만 전문가들과 비교하면 어떤 수준인지 궁금하네요.

'이메일 주소 패턴 유효성 검사를 위한 최고의 정규 표현식'[1]이라는 글에 따르면 최고의 이메일 패턴은 다음과 같습니다.

```
([-!#-'*+/-9=?A-Z^-~]+(\.[-!#-'*+/-9=?A-Z^-~]+)*|"([]!#-[^-~ \t]|(\\[\t
-~]))+")@([0-9A-Za-z]([0-9A-Za-z-]{0,61}[0-9A-Za-z])?(\.[0-9A-Za-z]
([0-9A-Za-z-]{0,61}[0-9A-Za-z])?)*|\[((25[0-5]¦2[0-4][0-9]¦1[0-9]{2}¦[1-9]?[0-
9])(\.(25[0-5]¦2[0-4][0-9]¦1[0-9]{2}¦[1-9]?[0-9])){3}¦IPv6:((((0¦[1-9A-Fa-f]
[0-9A-Fa-f]{0,3}):){6}¦::((0¦[1-9A-Fa-f][0-9A-Fa-f]{0,3}):){5}¦[0-9A-Fa-f]
{0,4}::((0¦[1-9A-Fa-f][0-9A-Fa-f]{0,3}):){4}¦(((0¦[1-9A-Fa-f][0-9A-Fa-f]
{0,3}):)?(0¦[1-9A-Fa-f][0-9A-Fa-f]{0,3}))?::((0¦[1-9A-Fa-f][0-9A-Fa-f]
{0,3}):){3}¦(((0¦[1-9A-Fa-f][0-9A-Fa-f]{0,3}):){0,2}(0¦[1-9A-Fa-f][0-9A-Fa-f]
{0,3}))?::((0¦[1-9A-Fa-f][0-9A-Fa-f]{0,3}):){2}¦(((0¦[1-9A-Fa-f][0-9A-Fa-f]
{0,3}):){0,3}(0¦[1-9A-Fa-f][0-9A-Fa-f]{0,3}))?::(0¦[1-9A-Fa-f][0-9A-Fa-f]
{0,3}):¦(((0¦[1-9A-Fa-f][0-9A-Fa-f]{0,3}):){0,4}(0¦[1-9A-Fa-f][0-9A-Fa-f]
{0,3}))?::)((0¦[1-9A-Fa-f][0-9A-Fa-f]{0,3}):(0¦[1-9A-Fa-f][0-9A-Fa-f]
{0,3})¦(25[0-5]¦2[0-4][0-9]¦1[0-9]{2}¦[1-9]?[0-9])(\.(25[0-5]¦2[0-4][0-9]¦1[0-
9]{2}¦[1-9]?[0-9])){3})¦(((0¦[1-9A-Fa-f][0-9A-Fa-f]{0,3}):){0,5}(0¦[1-9A-Fa-f]
[0-9A-Fa-f]{0,3}))?::(0¦[1-9A-Fa-f][0-9A-Fa-f]{0,3})¦(((0¦[1-9A-Fa-f]
[0-9A-Fa-f]{0,3}):){0,6}(0¦[1-9A-Fa-f][0-9A-Fa-f]{0,3}))?::)¦(?!IPv6:)
[0-9A-Za-z-]*[0-9A-Za-z]:[!-Z^-~]+)])
```

---

1   https://www.abstractapi.com/guides/email-address-pattern-validation

1,240자로 된 정규 표현식이군요! 코파일럿과 챗GPT가 준 것과는 전혀 다르네요. 이 정규 표현식은 두 AI 도구보다 훨씬 더 나은 작업을 수행합니다. 첫 번째 정규 표현식이 매칭하지 못한 두 이메일 주소, `mike@localhost`와 `mike@10.0.0.1` 또한 매칭하죠.

7.2 전화번호

이번에는 전화번호를 검증해봅시다. 코파일럿에 주석으로 힌트를 준 결과는 다음과 같습니다.

```
// Phone number pattern with optional country code
한글 국가 코드가 옵션으로 있는 전화번호 패턴
phoneRegex = /^(\+?1)?[2-9]\d{2}[2-9](?!11)\d{6}$/;
```

실행이 된다고 할 수도 있지만 이 정규 표현식은 숫자 사이에 마침표나 공백을 허용하지 않습니다. 옵션으로 +1이라는 패턴을 허용하는데 이는 미국의 국가 코드이므로 미국 전화번호에만 해당합니다.

매칭됨	매칭되지 않음
2025551212	6035551212
8002822882	603 555 1212
+12025551212	(603) 555 1212
+14079393463	

한 번 더 시도해볼까요? 다른 주석을 입력합니다.

```
// international phone number
```
한글 국제 전화번호

```
phoneRegex =
/^\+?([0-9]{2})\)?[-. ]?([0-9]{3})[-. ]?([0-9]{3})[-. ]?([0-9]{4})$/;
```

이번 결과가 훨씬 유연하군요. 매칭된 전화번호 중 국가코드 +44로 시작하는 번호는 영국 전화번호입니다. 다만 이 정규 표현식은 필자가 알고 있는 몇 가지 일반적인 전화번호 형식에는 매칭하지 않습니다.

매칭됨	매칭되지 않음
+01 202 555 1212	(202) 555-1212
+014079393463	800-282-2882
+44 889 234 1239	
+44.889.234.1239	
+44 8892341239	

지금까지 본 코파일럿의 결과는 인상적이지 않네요. 챗GPT는 어떤 정규 표현식을 제공하는지 봅시다.

Give me a regex that can validate any phone number, us or international, liberally accepting common punctuation.

한글 미국과 국제 전화번호를 포함한 모든 전화번호를 검증하며 흔히 사용되는 마침표도 자유롭게 포함할 수 있는 정규 표현식을 만들어주세요.

```
^[\+]?[\d]{0,3}[\s.-]?[\(]?[\d]{1,3}[\)]?[\s.-]?[\d]{3,4}[\s.-
]?[\d]{3,4}$
```

더 나빠졌군요. 처음 두 개의 영국 전화번호만 매칭하고, 그 외에 코파일럿이
성공한 것들에 대해 모두 실패합니다. 어쩌면 정규 표현식으로 전화번호를 매
칭하는 것이 너무 어려운 일인지도 모릅니다.

7.3 URL

코파일럿이 문자열 내의 유효한 URL을 모두 인식하는 패턴을 제공할 수 있을
까요? 이는 웹사이트 크롤링에 유용합니다. 유효성 검사에 딱 들어맞지는 않
지만 한번 시도해봅시다. 주석을 입력하니 코파일럿이 두 가지 옵션을 주는
군요.

```
// Regex to find URLs inside a string
한글 문자열 내에서 URL들을 찾는 정규 표현식
urlRegex = /((https?:\/\/)¦(www\.))[^\s]+/g;
urlRegex = /((https?:\/\/)?[\w-]+(\.[\w-]+)+\.?(:\d+)?(\/\S*)?)/g;
```

이 제안에서 정말 멋진 점은 두 정규 표현식에서 (전역 일치를 위한) g 수정자
를 준다는 점입니다. 아마도 주석에 단수형인 URL이 아니라 복수형인 URLs를
입력했기 때문일 겁니다.

첫 번째 정규 표현식은 언뜻 보기에는 괜찮아 보이지만 사실 틀린 것입니다.

필자가 테스트 문자열로 링크가 많은 웹 페이지의 소스 코드를 사용했더니 정규 표현식은 137개의 일치 항목을 제공했지만 그중에는 URL이 아니라 주변 텍스트의 일부인 마침표가 포함돼 있었습니다.

두 번째 정규 표현식도 시도해봤더니 결과는 더 나빴습니다. URL이 아닌 많은 텍스트가 매칭됐죠. 두 정규 표현식의 문제점은 HTML 속성의 닫는 따옴표까지 매칭한다는 것입니다.

```
<img src="https://pictures.com/images/12345.jpg">
```

두 정규 표현식에 따르면 이 img 태그에서 URL 부분은 `https://pictures.com/images/12345.jpg`가 됩니다.

주석으로 제공한 힌트가 문제였을까요? '문자열' 내에서 URL을 검색하라는 표현보다 좀 더 구체적으로 적으면 어떨까요? 다시 시도해봅시다.

```
// Regex to find all URLs from img and a tags
한글 img 및 tags에서 모든 URL을 찾는 정규 표현식
urlRegex = /<img[^>]*src="([^"]*)"[^>]*>|<a[^>]*href="([^"]*)"[^>]*>/g;
```

흥미롭게도 이것이 정답에 가장 가깝습니다. 새로 제공한 주석은 찾고자 하는 내용을 훨씬 더 구체적으로 설명합니다. 게다가 결과를 자세히 들여다보니 실제 URL들은 각 매칭의 그룹 2 안에 들어 있군요.

챗GPT는 지금까지와 마찬가지로 주석을 문자 그대로 받아들입니다.

Give me a regex to find all URLs from img and a tags in the text of an HTML page.

한글 HTML 페이지의 텍스트에서 img 및 tags에 있는 URL을 모두 찾는 정규 표현식을 만들어주세요.

```
(?<=<img.*?src="|<a.*?href=")[^"]*
```

URL을 매칭할 수 있는 정규 표현식은 아니군요. 대신 img나 href 속성 다음에 나오는 따옴표 안의 전체 문자열을 추출하는 정규 표현식입니다. 사실 필자가 요청한 것이 맞긴 합니다.

이해를 돕기 위해 좀 더 명시적인 프롬프트를 입력해봅시다.

Give me a regex matching URLs found in an arbitrary document of text, which may or may not be HTML.

한글 HTML일 수도 있고 아닐 수도 있는 임의의 텍스트 문서에서 URL들을 매칭하는 정규 표현식을 만들어주세요.

```
\b(?:(?:https?|ftp):\/\/|www\.)[^\s]+\b
```

챗GPT는 정규 표현식과 더불어 충분한 설명을 제공합니다. 테스트해보니 단연 최고의 정규 표현식이군요. 주어진 문자열이 실제 URL인지 검증할 때는 이 정규 표현식이 보다 유용합니다.

7.4 패스워드 복잡도

사용자 가입을 받는 웹사이트에는 대부분 패스워드 복잡도에 관한 규칙이 있습니다. 코파일럿이 패스워드 검증을 위한 정규 표현식을 생성할 수 있을까요? 다음 주석을 시도해봅시다.

```
// Passwords much contain at least one number, one lowercase and one
uppercase letter, one symbol, and be 8 characters or longer.
한글 패스워드는 적어도 하나의 숫자, 하나의 소문자, 하나의 대문자 및 하나의 특수문자를 포
함해야 하고 8자 이상이어야 합니다.
private passwordRegex =
/^(?=.*[a-z])(?=.*[A-Z])(?=.*\d)(?=.*[^\da-zA-Z]).{8,}$/;
```

그럴듯한 정규 표현식이네요. regex101에서 테스트해봅시다.

유효함	유효하지 않음
P@55word	password
This1s@GoodPassword	MikeWasHere!
MikeWasHerein1999!	This is a bad password
	12345

테스트 결과, 목적에 맞는 좋은 정규 표현식으로 보입니다.

한편 챗GPT는 기능적으로 비슷하지만 약간 다른 패턴을 제공합니다.

Give me a regex to validate password complexity with the following rules: Passwords much contain at least one number, one lowercase and one uppercase letter, one symbol, and be 8 characters or longer.

> 한글 다음 규칙에 따라 패스워드 복잡도를 검증하는 정규 표현식을 만들어주세요. 패스워드는 적어도 하나의 숫자, 하나의 소문자, 하나의 대문자 및 하나의 특수문자를 포함해야 하고 8자 이상이어야 합니다.

```
^(?=.*\d)(?=.*[a-z])(?=.*[A-Z])(?=.*\W)[\S]{8,}$
```

이는 코파일럿의 정규 표현식과 동일한 패스워드를 매칭합니다.

7.5 미국 통화

이번에는 입력값이 미국 달러인지 확인해봅시다.

```
// Validate that the input is a US currency
```
> 한글 입력이 미국 통화인지 확인하기

```
private currencyRegex = /^\$?(([1-9]\d{0,2}(,\d{3})*)|0)?(\.\d{2})?$/;
```

언뜻 보기에는 좋아 보이네요. 사람들이 웹 페이지에 입력할 법한 짧은 문자열로 테스트해볼까요? 결과는 다음과 같습니다.

유효함	유효하지 않음
$1	Mike
.22	1.575
$.25	1.57$
0.79	2.25%
1.49	1 dollar
$0.00	
$0.43	
$1,230,847,369.99	

꽤 괜찮아 보이네요. 필자에게는 합격입니다.

챗GPT도 비슷한 정규 표현식을 제공하는군요.

Give me a regex that will validate that the input is a US currency.

한글 입력이 미국 통화인지 확인하는 정규 표현식을 만들어주세요.

```
^\$[1-9]\d{0,2}(,\d{3})*(\.\d{2})?$
```

아쉽지만 유효한 값 중 첫 번째와 마지막 값을 제외하고 모두 매칭에 실패합니다. 달러 기호를 선택 사항으로 하고 다시 요청하니, 새로운 정규 표현식은 값 하나(1.49)를 추가로 매칭할 뿐 나머지는 실패합니다.

다른 방법으로 접근해보죠. 프롬프트와 결과는 다음과 같습니다.

Given a potential list of different ways to write US currency, write a regular expression that will match all of these: $1 .22 $.25 0.79 1.49 $0.00 $0.43 $1,230,847,369.99

한글 미국 통화를 쓰는 다양한 방법의 리스트를 받아서 다음 모두와 일치하는 정규 표현식을 작성하세요. $1.22 $.25 0.79 1.49 $0.00 $0.43 $1,230,847,369.99

다음은 주어진 미국 통화 값 모두에 매칭하는 정규 표현식입니다.

```
^(?:\$\s?)?(?:\d{1,3}(?:,\d{3})*|\d+)(?:\.\d{2})?$
```

이 정규 표현식을 살펴봅시다.

- `^` – 줄의 시작
- `(?:\$\s?)?` – 달러 기호 뒤에 공백 문자가 오는 경우도 찾습니다.
- `(?:\d{1,3}(?:,\d{3})*|\d+)` – 1–3자리 숫자 시퀀스를 찾거나, 필요에 따라 쉼표로 구분된 세 자리 숫자의 그룹들 또는 하나 이상의 숫자로 구성된 단일 시퀀스가 이어지는 경우를 찾습니다.
- `(?:\.\d{2})?` – 마침표 뒤에 정확히 두 개의 숫자가 오는 경우도 찾습니다.
- `$` – 줄의 끝

이 정규 표현식은 달러 기호, 소수점 및 쉼표가 있는 경우를 모두 포함해 주어진 미국 통화 값의 예와 매칭합니다.

이 정규 표현식은 음숫값은 매칭할 수 없습니다. 또한 음수 금액 또는 소수점 이하 두 자리가 넘는 금액과 같이 비정상적인 형식의 통화 값이 있으면 그에 따라 정규 표현식을 수정해야 할 수 있습니다.

어떤가요? 값 하나($.25)를 제외하고는 모두 매칭합니다. 이 결과는 챗GPT가 완벽하지는 않다는 것을 보여줍니다. 하지만 예시를 제공하면 챗GPT가 나머지를 수행한다는 점은 좋군요.

7.6 미국 사회보장번호

미국의 사회보장번호^{Social Security Number}(SSN)[2]는 어떨까요? 미국에서는 흔히 사용되는 평이한 포맷이므로 그리 어려울 것 같지 않군요.

```
// Validate the the input is a valid SSN
```
`한글` 입력이 유효한 SSN인지 확인하기
```
private ssnRegex = /^\d{3}-?\d{2}-?\d{4}$/;
```

매칭 결과는 다음과 같습니다.

유효함	유효하지 않음
999–99–9999	978 76 5432
012–34–5678	97–876–5432
978–76–5432	5432–76–978
	xxx-yy-zzzz

예상처럼 꽤 간단합니다. 한편 챗GPT는 답변에서 그 이상을 제공합니다.

Write a regex that will validate the input is a valid SSN.

`한글` 입력이 유효한 SSN인지 확인하는 정규 표현식을 작성하세요.

```
^(?!000)(?!666)[0-8]\d{2}[- ]?(?!00)\d{2}[- ]?(?!0000)\d{4}$
```

---

2   옮긴이_ 미국 정부에서 사회보장보험의 관리를 위해 개인에게 발행하는 9자리 번호. 주민등록번호와 유사한 역할을 함.

이 정규 표현식은 특정 SSN이 허용되지 않도록 합니다. 챗GPT는 결과를 다음과 같이 설명합니다.

이 정규 표현식은 SSN의 형식만 확인하며 특정 개인에게 할당된 실제 유효한 SSN인지는 확인하지 않습니다. 2011년 6월 25일 이전에 할당된 일부 SSN은 유효하지 않을 수 있다는 점도 주목할 가치가 있습니다. 사회 보장국이 해당 날짜에 새로운 무작위 배정 정책을 시행했기 때문입니다.

필자는 사회보장번호에 이런 사연이 있는지 전혀 몰랐습니다. 챗GPT 덕분에 흥미롭고 유용한 것을 알게 됐군요.

7.7 신용카드 번호

이 작업은 좀 더 어렵겠군요. 웹앱에서 신용카드 번호의 유효성을 검사하는 작업은 흔합니다. 하지만 정규 표현식에만 의존해 검사하면 위험할 수 있습니다. 정규 표현식은 패턴 매칭을 위한 강력한 도구이지만 신용카드 번호와 관련된 잠재적인 오류나 보안 위험을 포착하지 못할 수 있습니다.

신용카드 번호는 여러 규칙과 제한 사항이 있는 복잡한 구조로 되어 있는데 정규 표현식 패턴이 이 모든 규칙을 만족시키지 못할 수 있습니다. 신용카드 번호는 언뜻 보기에 단순히 그룹으로 묶인 숫자 패턴 같지만 그렇지 않습니다. 정규 표현식이 체크섬(일명 룬^{Luhn} 알고리즘)을 계산할 수는 없을 것이므로 적당한 수준에서 타협해야 할 수도 있습니다.

```
// Validate the credit card number
```
한글 신용카드 번호 검증하기

```
private creditCardRegex = /^((4\d{3})¦(5[1-5]\d{2})¦(6011))(-?\d{4}){3}$/;
```

이 정규 표현식은 클라이언트 쪽에서 1차 검증용으로는 쓸 만하지만 완벽과는
거리가 멉니다.

유효함	유효하지 않음
4321567843215678	4321 5678 4321 5678
6011222233334444	6011 2222 3333 4444
4444333322221111	4444 3333 2222 1111
5432123456789999	5432 1234 5678 9999
	378282246310005 (유효한 아멕스 카드 번호)

유효하지 않은 신용카드 번호 중 마지막 값은 거짓 음성[false negative](유효하지 않
은 것으로 잘못 판정)입니다. 이 정규 표현식은 아메리칸 익스프레스(아멕스)
카드 번호에 매칭하지 못하는군요.

코파일럿은 룬 알고리즘이 무엇인지 알고 있을까요? 자바스크립트 스니펫은
룬 알고리즘 링크[3]에서 구할 수 있습니다. 주석을 입력해봅시다.

```
// Validate the credit card number using the Lunh Algorithm
```
한글 룬 알고리즘을 사용해 신용카드 번호 확인하기
```
private creditCardLuhnRegex =
/^(?:4[0-9]{12}(?:[0-9]{3})?¦5[1-5][0-9]{14}¦3[47][0-9]{13}¦3(?:0[0-
5]¦[68][0-9])[0-9]{11}¦6(?:011¦5[0-9][0-9])[0-9]{12}¦(?:2131¦1800¦35\d{3})
\d{11})$/;
```

---

3   https://www.creditcardvalidator.org/developer

기대한 것과 다르군요. 실제로 룬 알고리즘을 구현하는 것 같진 않지만 첫 번째 정규 표현식이 놓친 아메리칸 익스프레스 번호에 매칭합니다.

주석을 약간 변경하면 효과가 있을까요?

```
// Function to Validate the credit card number using the Lunh Algorithm
한글 룬 알고리즘을 사용해 신용카드 번호를 확인하는 함수
private validateCreditCardNumber(cardNumber: string): boolean {
  let sum = 0;
  let shouldDouble = false;
  for (let i = cardNumber.length - 1; i >= 0; i--) {
    let digit = parseInt(cardNumber.charAt(i), 10);
    if (shouldDouble) {
      if ((digit *= 2) > 9) digit -= 9;
    }
    sum += digit;
    shouldDouble = !shouldDouble;
  }
  return sum % 10 === 0;
} // validateCreditCardNumber 함수의 끝
```

기대했던 것에 훨씬 더 가깝네요.

이런 작업에는 챗GPT가 더 나을 겁니다. 비슷한 프롬프트를 입력해봅시다.

Implement a function to validate a credit card number using the Lunh Algorithm.

한글 룬 알고리즘을 사용해 신용카드 번호의 유효성을 검사하는 함수를 구현하세요.

물론입니다. 다음은 룬 알고리즘을 사용해 신용카드 번호를 검증하는 파이
썬 함수입니다.

```python
def validate_credit_card_number(card_number):
    # 신용카드 번호 순서를 뒤집고 각각의 숫자를 정수로 만들기
    digits = [int(x) for x in str(card_number)][::-1]

    # 한 자리씩 건너뛰면서 숫자를 2배로 만들기
    doubled_digits = []
    for i, digit in enumerate(digits):
        if i % 2 == 1:
            doubled_digits.append(digit * 2)
        else:
            doubled_digits.append(digit)

    # 2배로 만든 숫자와 그렇지 않은 숫자를 합산하기
    total = 0
    for digit in doubled_digits:
        if digit > 9:
            total += digit - 9
        else:
            total += digit

    # 합산한 값이 10의 배수이면 유효한 신용카드 번호
    return total % 10 == 0
```

실행이 될까요? 필자는 파이썬을 쓸 줄 모르지만 챗GPT(아마 코파일럿도)가
알고 있는 언어를 엿볼 수 있군요. 코파일럿이 제공한 자바스크립트 스니펫은
137쪽의 링크에서 구할 수 있는 코드와 다릅니다.

7.8 HTML 태그

코파일럿이 유효한 HTML 태그를 인식할 수 있을까요?

```
// Recognize all HTML tags in the input text
```
한글 입력 텍스트에 있는 HTML 태그를 모두 인식하기

```
private htmlTagRegex = /<[^>]*>/g;
```

잘 실행되지만 클로징 태그까지 인식한다는 점은 조금 아쉽군요(결과는 생략).

챗GPT에도 요청해봅시다.

Write a regex to recognize all HTML tags in the input text.

한글 입력 텍스트에 있는 HTML 태그를 모두 인식하는 정규 표현식을 작성하세요.

```python
import re

pattern = r'<\/?[a-zA-Z]+\b(?:\s*[a-zA-Z]+=(?:"[^"]*"|\'[^\']*\
'))*\s*\/?>'

tags = re.findall(pattern, input_text)
```

챗GPT는 필자와 마지막으로 나눈 대화를 기억해 결과를 파이썬으로 작성하네요. 원시 정규 표현식을 요청해봅시다.

Go back to giving me raw regexes, not wrapped in python.

한글 파이썬 형태가 아닌 원시 정규 표현식으로 다시 제공하세요.

```
<\/?[a-zA-Z]+\b(?:\s*[a-zA-Z]+=(?:"[^"]*"|\'[^\']*\'))*\s*\/?>
```

요청대로 같은 정규 표현식을 파이썬 구문이 아닌 형태로 제공하네요.

7.9 반복되는 단어 감지하기

텍스트에서 반복되는 단어를 감지해봅시다. 이 작업은 얼마나 어려울까요? 다음은 코파일럿의 결과입니다.

```
// Find repeated words in the input text
한글 입력 텍스트에서 반복되는 단어 찾기
private repeatedWordRegex = /\b(\w+)\b\s+\b\1\b/g;
```

이것보다 더 복잡할 것으로 예상했지만, 생각해보면 이런 작업에는 정규 표현식이 정말 잘 맞습니다. 챗GPT도 거의 동일한 패턴을 제공합니다. 다만 마침표로 구분된 중복 단어까지 포착하도록 하는군요.

```
\b(\w+)\b(?=.*\b\1\b)
```

이 정규 표현식은 반복되는 단어가 글자나 숫자가 아닌 문자로 구분된 경우에는 매칭하지 않습니다(예: "hello, hello"는 매칭하지 않음). 반복되는 단어를 구분하는 문자에 관계없이 매칭하려면 정규 표현식에서 단어 경계 \b를 공백 문자 \s로 바꾸면 됩니다.

반복되는 단어 감지함	반복되는 단어 감지하지 않음
Mike was was here here	mike was here
the quick brown fox fox jumps over the lazy dog	mike was here was here
Space, the the final frontier	Space, The the final frontier
	the quick brown fox jumps over the lazy dog

이 정규 표현식은 기본적으로 대소문자를 구분합니다. i 옵션을 추가하면 이 문제가 해결됩니다.

7.10 자바스크립트 키워드

자바스크립트 언어에 있는 키워드를 모조리 검색하는 정규 표현식을 만들어 봅시다. 결과는 다음과 같습니다.

```
// Recognize all valid JavaScript keywords in the input text
```
한글 입력 텍스트에 있는 유효한 자바스크립트 키워드를 모두 인식하기
```
private jsKeywordRegex =
/\b(break|case|catch|continue|debugger|default|delete|do|else|finally|for|fun
ction|if|in|instanceof|new|return|switch|this|throw|try|typeof|var|void|whil
e|with|class|const|enum|export|extends|import|super|implements|interface|let
|package|private|protected|public|static|yield|abstract|boolean|byte|char|do
uble|final|float|goto|int|long|native|short|synchronized|throws|transient|vola
tile)\b/g;
```

읽어보니 이해는 되지만 기대했던 것은 아니군요. 챗GPT도 사실상 동일한 정규 표현식을 제공합니다.

```
\b(?:await|break|case|catch|class|const|continue|debugger|defau
lt|delete| do|else|enum|export|extends|false|finally|for|functi
on|if|implements|impo rt|in|instanceof|interface|let|new|null|p
ackage|private|protected|public| return|super|switch|this|throw
|true|try|typeof|var|void|while|with|yield) \b
```

두 패턴을 자세히 들여다보니 어느 것도 100% 정확하다고는 못 하겠네요.

7.11 정리

처음에는 몇 번 실패가 있었지만 챗GPT와 코파일럿 모두 정규 표현식에 도움
이 됩니다. 다만 둘 다 완벽하지는 않죠.

AI(또는 다른 개발자)가 작성한 코드와 마찬가지로 주어진 것을 의심 없이 받
아들일 수는 없습니다. 코드가 어떤 일을 수행하는지 이해해야 하죠. AI 도구
를 적절한 곳에 사용하되 맹목적으로 사용하지는 않아야 합니다.

8장 데이터 생성

▶ 이미지 출처: 픽사베이 Thorsten Frenzel(ThorstenF)

샘플 데이터 생성은 애플리케이션 개발에 매우 중요합니다. 개발자가 통제된 환경에서 소프트웨어를 테스트하고 개선하도록 해주기 때문입니다.

이 장에서는 애플리케이션 샘플 데이터를 생성하는 데 코파일럿과 챗GPT를 어떻게 활용할 수 있을지 살펴봅니다. 간단한 샘플부터 점차 더 복잡한 샘플을 만들어봅니다. 이 장을 마치면 각 도구의 기능과 한계 그리고 애플리케이션 개발 과정을 개선하는 데 도구를 어떻게 활용할 수 있는지 더 잘 이해할 수 있습니다.

8.1 로렘 입숨 텍스트

코파일럿과 챗GPT로 로렘 입숨 텍스트를 생성해봅시다.

코파일럿

먼저 코파일럿에 로렘 입숨^{lorem ipsum} 텍스트를 생성하라고 요청해봅시다.

```
// Generate a paragraph of lorem ipsum text
한글 로렘 입숨 텍스트 문단 생성하기
const text = require('lorem-ipsum').loremIpsum({
  count: 1, units: 'paragraphs'});
```

텍스트를 만들어달라고 요청했는데 결과는 기대했던 것과 전혀 다르군요. lorem-ipsum이라는 npm 패키지[1]를 설치하고 코드를 실행하니 다음 결과가 나옵니다.

```
Aliquip qui est officia tempor elit aliquip. Lorem culpa ea exercitation
aliqua aliquip et aute. Eiusmod ad sunt labore proident id reprehenderit
ullamco dolore laborum excepteur ad eiusmod laboris. Et duis consectetur culpa
nulla velit adipisicing minim velit dolore deserunt commodo id occaecat.
Mollit aliquip consectetur aliquip duis eu incididunt ut amet deserunt qui.
```

이번에도 기대했던 것은 아니지만 맞는 결과입니다.

챗GPT

이번에는 챗GPT의 결과를 확인해봅시다. 이전과 동일한 프롬프트를 입력합니다.

---

1   https://www.npmjs.com/package/lorem-ipsum/v/1.0.5

```
Lorem ipsum dolor sit amet, consectetur adipiscing elit. Sed
auctor, purus non ornare congue, magna magna porta velit, eget
malesuada velit velit vel mi. Sed velit velit, suscipit vel
dolor eu, malesuada ornare elit. Sed dictum id elit vel dictum.
Donec malesuada risus vitae ipsum placerat, eget aliquam velit
ullamcorper. Sed in eros vel velit blandit elementum. Sed nec
tempor tellus. Sed non eros euismod, feugiat eros ut, gravida
dolor. Nam auctor malesuada est, euismod euismod erat tempor id.
```

추가 프롬프트 없이 기대한 대로 결과가 나옵니다. 성공입니다.

8.2 미국 대학교 리스트

미국에 있는 대학교 리스트를 요청해봅시다. 답변은 로렘 입숨 텍스트와 같은 패턴을 보이지만 결과는 다릅니다.

코파일럿

```
// List of schools in the USA
한글 미국에 있는 대학교 리스트
const schools = require('us-schools').schools;
console.log(schools);
```

그런데 **us-schools**라는 npm 패키지는 찾을 수 없습니다. 믿음이 줄어들기 시작하는군요.

챗GPT

Give me a list of schools in the USA as a JavaScript array.

한글 자바스크립트 배열로 미국 대학교 리스트를 주세요.

```javascript
const schools = [
    { name: "Harvard University", state: "Massachusetts" },
    { name: "Stanford University", state: "California" },
    { name: "Princeton University", state: "New Jersey" },
    { name: "Yale University", state: "Connecticut" },
    { name: "Columbia University", state: "New York" },
    { name: "Brown University", state: "Rhode Island" },
    { name: "University of Pennsylvania", state: "Pennsylvania" },
    { name: "Cornell University", state: "New York" },
    { name: "Dartmouth College", state: "New Hampshire" }
];
```

반면에 챗GPT는 성공했습니다.

8.3 임의의 고객 리스트

고객 이름과 주소가 포함된 리스트를 임의로 생성해봅시다.

코파일럿

```javascript
// Generate a list of random customer names and addresses
```
한글 임의의 고객 이름 및 주소 리스트 생성하기

```javascript
const faker = require('faker');
```

```
const customers = [];
for (let i = 0; i < 100; i++) {
  customers.push({
    name: faker.name.findName(),
    address: faker.address.streetAddress(),
    city: faker.address.city(),
    state: faker.address.state(),
    zip: faker.address.zipCode(),
  });
}
```

필자는 이전에 페이커^{faker}[2]를 사용해본 적이 있어서 이 작업은 좀 기대가 되는 군요. faker npm 패키지를 설치하고 console.table(customers) 명령을 추가합니다. 이렇게 하면 배열이 브라우저 콘솔에 격자 형태로 출력되며 한 행에 고객이 하나씩 출력됩니다.

require 줄이 잘못돼 오류가 발생합니다. 정확한 코드는 다음과 같습니다.

```
const { faker } = require('@faker-js/faker');
```

수정하면 findName이 fullName으로 대체됐다는 알림이 나오지만 어쨌든 코드는 실행됩니다. 임의의 고객 리스트가 출력되네요.

> 📑 NOTE   코파일럿은 오랫동안 축적된 코드로 훈련됐으므로 일부 코드는 오래된 패턴이나 사용하지 않는 라이브러리를 기반으로 합니다. 이런 문제를 피할 수는 없지만 모델이 계속 훈련됨에 따라 계속 개선될 것입니다.

[2]   https://www.npmjs.com/package/@faker-js/faker

챗GPT

지금까지 본 것처럼 이 작업도 챗GPT가 더 잘할까요? 확인해봅시다.

Generate a list of random customer names and addresses.

한글 임의의 고객 이름 및 주소 리스트를 생성하세요.

```javascript
const faker = require('faker');

let customers = [];

for(let i = 0; i < 10; i++) {
  let customer = {
    name: faker.name.findName(),
    address: faker.address.streetAddress()
  }
  customers.push(customer);
}

console.log(customers);
```

코파일럿과 똑같은 실수를 하는군요. 챗GPT 훈련에 사용된 데이터는 2021년까지이므로 예상치 못한 결과는 아닙니다. 챗GPT는 그 이후에 만들어진 라이브러리와 프레임워크에 대한 업데이트를 알지 못합니다. 다만 코파일럿과 거의 동일한 코드를 작성할 줄은 몰랐네요.

약간 변경해서 `faker` 라이브러리 없이 다시 시도하도록 요청해봅시다. 챗GPT 스스로 코드를 만들어낼 수 있을까요?

Generate a list of random customer names and addresses without using the faker library.

한글 faker 라이브러리를 사용하지 않고 임의의 고객 이름 및 주소 리스트를 생성하세요.

```javascript
let customers = []
const firstNames = ['John', 'Emily', 'Jessica', 'Michael', 'David',
                    'Jacob', 'Madison', 'Ethan', 'Elizabeth']
const lastNames = ['Smith', 'Johnson', 'Williams', 'Jones', 'Brown',
                   'Miller', 'Wilson', 'Moore', 'Taylor']
const streets = ['Main St', 'High St', 'Park Ave', '1st St', '2nd St',
                 '4th St', '5th St', '6th St', '7th St']
const cities = ['New York', 'Los Angeles', 'Chicago', 'Houston',
                'Philadelphia', 'San Antonio', 'San Diego', 'Dallas']
const states = ['NY', 'CA', 'TX', 'AZ', 'PA', 'TX', 'CA', 'TX', 'CA']
const zipCodes = ['10001', '90001', '60601', '77001', '85001', '19019',
                  '78201', '92201', '75201', '95201']

for(let i = 0; i < 10; i++) {
  let customer = {
    name: firstNames[Math.floor(Math.random() * firstNames.length)] +
      ' ' + lastNames[Math.floor(Math.random() * lastNames.length)],
    address: streets[Math.floor(Math.random() * streets.length)] + ' ' +
      cities[Math.floor(Math.random() * cities.length)] + ' ' +
      states[Math.floor(Math.random() * states.length)] + ' ' +
      zipCodes[Math.floor(Math.random() * zipCodes.length)]
  }
  customers.push(customer)
}
```

기대한 것보다 내용이 많지만 어쨌든 요청한 것을 수행하는 코드입니다. 이 결과에서 흥미로운 점은 60자에서 줄바꿈하고 큰따옴표 대신 작은따옴표를 사용하라고 요청했더니 챗GPT가 그대로 수행했다는 점입니다.

8.4 색상

임의의 색상을 추가해봅시다. 코파일럿은 계속해서 faker 라이브러리를 사용할까요?

코파일럿

```
// Add a random color to each customer
한글 각 고객에 임의의 색상 추가하기
const colors = ['red', 'green', 'blue', 'yellow', 'orange', 'purple'];
for (const customer of customers) {
  customer.color = colors[Math.floor(Math.random() * colors.length)];
}
```

이번에는 faker 라이브러리를 사용하지 않는군요. 색상 명칭 대신 CSS 색상을 얻어봅시다.

```
// Add a favorite CSS Color to each customer
한글 각 고객에 즐겨 찾는 CSS 색상 추가하기
for (const customer of customers) {
  customer.color = faker.commerce.color();
}
```

다시 faker를 사용하는군요! 괜찮은 결과지만 commerce.color()도 새 버전에서는 없어진 기능입니다. 코파일럿은 새로운 기능을 제안한 적이 한 번도 없군요. 어쨌든 실행은 되는데, 어쩌면 우리가 기대할 수 있는 것은 여기까지일지도 모르겠군요.

챗GPT

챗GPT는 주석을 반영해 전체 코드 블록을 다시 작성합니다. 경우에 따라 새로운 기능을 추가하는군요.

Add a random color to each customer.

한글 각 고객에 임의의 색상을 추가하세요.

```javascript
const colors = ['Red', 'Green', 'Blue', 'Orange', 'Yellow',
'Purple', 'Pink', 'Brown', 'Gray', 'Black']

for(let i = 0; i < 10; i++) {
  let customer = {
    . . .
    color: colors[Math.floor(Math.random() * colors.length)]
  }
  customers.push(customer)
}
console.log(customers)
```

CSS 색상을 사용하도록 요청해봅시다.

Add a favorite CSS Color to each customer.

한글 각 고객에 즐겨 찾는 CSS 색상을 추가하세요.

```
const colorValues = ['#ff0000', '#00ff00', '#0000ff', '#ffa500',
                     '#ffc0cb', '#a52a2a', '#808080', '#000000']
```

완벽하게 해내는군요. 색상 명칭 배열을 colorValues 배열로 변경합니다. 챗GPT는 생성된 코드에 세미콜론을 붙이지 않습니다. 필요하다면 붙이도록 요청하면 됩니다.

또 다른 시도에서 챗GPT는 기꺼이 faker 라이브러리를 사용해서 색상을 생성하더군요. 새 버전에서는 실행되지 않는 코드이므로 책에는 표시하지 않았습니다.

8.5 영화 제목

실제 영화 제목 혹은 진짜 같은 가짜 영화 제목을 생성해봅시다.

코파일럿

```
// Add a favorite movie to each customer
```
한글 각 고객에 좋아하는 영화 추가하기
```
for (const customer of customers) {
  customer.movie = faker.commerce.productName();
}
```

faker 라이브러리는 영화에 관해 아무것도 모르고 코파일럿은 그 외의 다른 것을 제안하지 못하거나 제안할 생각이 없습니다. 코파일럿은 실패군요.

챗GPT

Add a favorite movie to each customer.

한글 각 고객에 좋아하는 영화를 추가하세요.

```
const movies = [
  'The Godfather',
  'The Shawshank Redemption',
  'The Dark Knight',
  'The Good, the Bad and the Ugly',
  'The Lord of the Rings: The Return of the King',
  'Pulp Fiction',
  'The Matrix',
  'Goodfellas',
  'One Flew Over the Cuckoo\'s Nest',
  'Seven Samurai'
];
```

한편 챗GPT는 처음부터 기대한 대로 일련의 영화 제목을 줍니다. 그리고 이 배열에서 무작위로 고른 영화를 각 고객에 추가합니다(코드는 생략).

이어서 계속 데이터 생성 작업을 보겠습니다. 코파일럿은 영화 리스트를 생성하지 못하는 것을 보면 나머지도 잘할 것 같지 않지만 챗GPT에 대한 기대는 여전히 꽤 높습니다. 이어지는 예제는 결과가 필자의 (지금까지는 대단치는 않은) 기대치에서 크게 벗어나지 않는 한 설명 없이 코드만 보겠습니다.

8.6 자동차 제조사와 모델

코파일럿

```
// What kind of car does each customer drive?
```
한글 각 고객은 어떤 종류의 자동차를 운전합니까?

```
for (const customer of customers) {
  customer.car = faker.vehicle.model();
}
```

챗GPT

 What kind of car does each customer drive?

한글 각 고객은 어떤 종류의 자동차를 운전합니까?

```
const cars = ['Ford', 'Chevrolet', 'Toyota', 'Honda', 'Nissan',
  'Jeep', 'Dodge', 'Chrysler', 'BMW', 'Mercedes-Benz']
```

임의의 자동차를 할당할 배열을 생성합니다.

8.7 개 품종

코파일럿

```
// What kind of dog does each customer have?
```
한글 각 고객은 어떤 종류의 개를 키웁니까?

```
for (const customer of customers) {
  customer.dog = faker.animal.dog();
}
```

챗GPT

What kind of dog does each customer have?

한글 각 고객은 어떤 종류의 개를 키웁니까?

```
const dogs = ['Golden Retriever', 'Labrador Retriever',
  'German Shepherd', 'Bulldog', 'Poodle',
  'Beagle', 'Rottweiler', 'Yorkshire Terrier']
```

8.8 카드 덱

코파일럿

```
// Create a random deck of cards
한글 임의의 카드 덱 만들기
const deck = [];
const suits = ['Hearts', 'Diamonds', 'Spades', 'Clubs'];
const ranks = ['Ace', '2', '3', '4', '5', '6', '7', '8', '9', '10', 'Jack',
  'Queen', 'King'];
for (const suit of suits) {
  for (const rank of ranks) {
    deck.push({ suit, rank });
  }
}
```

나쁘지 않네요. 정확합니다. 다음으로 덱을 섞어봅시다.

```
// Shuffle the deck
한글 덱 섞기
deck.sort(() => Math.random() - 0.5);
```

나쁘지 않군요. 그리고 **faker**를 사용하지 않았습니다.

챗GPT

챗GPT도 비슷한 작업을 수행하며 앞서 본 것처럼 출력에 대한 설명을 제공합니다.

Create an array of all possible card values.

한글 가능한 모든 카드 값의 배열을 만드세요.

```javascript
const cardValues = ['Ace', 'Two', 'Three', 'Four', 'Five',
  'Six', 'Seven', 'Eight', 'Nine', 'Ten', 'Jack', 'Queen',
  'King'];

// 가능한 모든 카드 값의 배열 만들기
const cardSuits = ['Hearts', 'Diamonds', 'Spades', 'Clubs'];

// 임의의 카드 덱을 저장하기 위한 빈 배열 만들기
const randomDeck = [];

// 각 카드 값과 슈트를 순회하면서 새로운 카드 객체를 만들어
randomDeck 배열에 넣기
for (let i = 0; i < cardValues.length; i++) {
  for (let j = 0; j < cardSuits.length; j++) {
    const card = { value: cardValues[i], suit: cardSuits[j] };
    randomDeck.push(card);
  }
}

console.log(randomDeck);
```

이 코드는 13개의 카드 값(에이스, 2, 3 등)과 4개의 카드 슈트(하트, 다이아몬드, 스페이드, 클럽)가 있는 52장의 카드로 구성된 임의의 덱을 생성합니다. 결과로 만들어진 randomDeck 배열은 각각 value 속성과 suit 속성이 있는 52개의 카드 객체를 포함하게 됩니다.

덱을 섞으라고 요청해봅시다. 내장 배열 함수를 사용할 것으로 예상했지만 그렇지 않고 함수를 복잡하게 작성합니다.

Function to shuffle the deck

한글 덱을 섞는 함수

```
function shuffleDeck(deck) {
  // 덱을 순회하면서 각 카드를 무작위로 선택된 카드와 바꾸기
  for (let i = 0; i < deck.length; i++) {
    const randomIndex = Math.floor(Math.random() * deck.length);
    const temp = deck[i];
    deck[i] = deck[randomIndex];
    deck[randomIndex] = temp;
  }
  return deck;
}

// 덱을 섞기
const shuffledDeck = shuffleDeck(randomDeck);
console.log(shuffledDeck);
```

뿌듯한 느낌이 드는군요. 한 번 더 요청해봅시다. 이번에는 내장 배열 함수를 사용하도록 요청하니 코파일럿이 작성한 것과 동일한 코드를 제공하는군요.

Shuffle the deck using built-in Javascript array functionality.

한글 자바스크립트 내장 배열 기능을 사용해 덱을 섞으세요.

```javascript
const shuffledDeck = randomDeck.sort(() => Math.random() - 0.5);
console.log(shuffledDeck);
```

원하는 작업을 정확히 요청하는 것이 중요하군요.

8.9 우노 카드 덱

코파일럿과 챗GPT는 우노Uno 카드가 무엇인지 알까요?

코파일럿

```javascript
// Create a random deck of Uno cards
```
한글 우노 카드로 임의의 덱 만들기
```javascript
const unoDeck = [];
const colors = ['Red', 'Yellow', 'Green', 'Blue'];
const specialCards = ['Skip', 'Reverse', 'Draw Two', 'Wild',
  'Wild Draw Four'];
for (const color of colors) {
  for (const rank of ranks) {
    unoDeck.push({ color, rank });
  }
  for (const specialCard of specialCards) {
    unoDeck.push({ color, specialCard });
  }
}
```

색상(colors)과 특수 카드(SpecialCards) 내용을 보니 코파일럿은 분명 우노 카드가 뭔지 알고 있군요. 그런데 카드 값을 담은 rank 배열을 만들지 않았다는 점이 신경 쓰이네요. 앞선 코드를 삭제하지 않았기 때문에 거기에 있는 rank 배열을 사용한 것으로 보입니다.

앞선 코드를 삭제하고 다시 시도해봅시다.

```
// Create a random deck of Uno cards
한글 우노 카드로 임의의 덱 만들기
const { uno } = require('@faker-js/faker');
const deck = [];
for (let i = 0; i < 108; i++) {
  deck.push(uno.card());
}
```

이것은 전혀 틀린 코드입니다. 당연히 faker 라이브러리에는 uno 출력이 없습니다. 어떻게 시도해도 제대로 된 코드가 안 나오네요. 첫 번째 시도에 얻은 코드가 차라리 낫군요.

챗GPT

한편 챗GPT가 제공한 코드는 놀랍습니다. 이 코드는 실행이 되며 주석이 잘 달려 있군요. 코드에 대한 설명까지 제공합니다.

Create a random deck of Uno cards.

한글 우노 카드로 임의의 덱을 만드세요.

```javascript
// 우노 카드로 임의의 덱 만들기

const cardValues = ['0', '1', '2', '3', '4', '5', '6', '7', '8',
  '9', 'Skip', 'Reverse', 'Draw Two', 'Wild', 'Wild Draw Four'];

// 가능한 모든 카드 색상의 배열 만들기
const cardColors = ['Red', 'Yellow', 'Green', 'Blue'];

// 임의의 우노 카드 덱을 저장하기 위한 빈 배열 만들기
const randomDeck = [];

// 각 카드 값과 색상을 순회하면서 새로운 카드 객체를 만들어
// randomDeck 배열에 넣기
for (let i = 0; i < cardValues.length; i++) {
  for (let j = 0; j < cardColors.length; j++) {
    // Wild와 Wild Draw Four 카드는 어떤 색상도 될 수 있어 건너뜀
    if (cardValues[i] === 'Wild' ||
      cardValues[i] === 'Wild Draw Four') {
      continue;
    }
    const card = { value: cardValues[i], color: cardColors[j] };
    randomDeck.push(card);
  }
}

// Wild와 Wild Draw Four 카드를 randomDeck 배열에 추가하기
for (let i = 0; i < 4; i++) {
  const wildCard = { value: 'Wild', color: 'Any' };
  randomDeck.push(wildCard);
}

for (let i = 0; i < 4; i++) {
  const wildDrawFourCard = { value: 'Wild Draw Four', color: 'Any' };
```

```
        randomDeck.push(wildDrawFourCard);
    }

    console.log(randomDeck);
```

이 코드는 108개의 우노 카드로 이루어진 임의의 덱을 만듭니다. 15개 값(0, 1, 2 등)과 4개의 카드 색상(빨강, 노랑, 초록, 파랑), 임의의 색상을 가지는 2개의 특수 카드인 'Wild'와 'Wild Draw Four'로 이루어집니다. for 루프를 만들어 색상마다 'Wild'와 'Wild Draw Four'인 카드 4개를 추가해서 randomDeck 배열에 푸시합니다. randomDeck 배열은 108개의 카드 객체를 포함하게 되며 각 객체는 value 속성과 color 속성을 가집니다.

8.10 식료품 리스트

코파일럿

코파일럿은 다시 faker 라이브러리를 사용합니다.

```
// Create a random grocery list
한글 임의의 식료품 리스트 만들기
const groceryList = [];
for (let i = 0; i < 10; i++) {
  groceryList.push(faker.commerce.productName());
}
```

코파일럿이 프로젝트의 나머지 코드를 파악하고 있다는 또 다른 증거입니다. 그래서 때로는 이전에 생성한 코드를 삭제하고 다시 시도해야 하죠. 결과가 마음에 들지 않을 때는 주석을 조금 바꿔보면 좋습니다.

챗GPT

챗GPT는 조금 다른 방식을 사용합니다. 이전에 받았던 요청을 감안해야 하는지 파악하는 것 같군요. 다음 프롬프트를 입력하자 정확히 필자가 예상한 대로 작동합니다.

Create an array of possible grocery items.

한글 가능한 식료품 품목의 배열을 만드세요.

```javascript
// 가능한 식료품 품목의 배열 만들기
const groceryItems = ['Apples', 'Bananas', 'Oranges', 'Lemons',
  'Lettuce', 'Carrots', 'Potatoes', 'Onions', 'Tomatoes', 'Garlic',
  'Ground Beef', 'Chicken Breasts', 'Eggs', 'Milk', 'Cheese',
  'Bread', 'Pasta', 'Rice', 'Beans', 'Cereal', 'Yogurt'];

// 임의의 식료품 리스트를 저장하기 위한 빈 배열 만들기
const randomList = [];

// 임의의 개수의 품목을 생성하는 함수
function randomNumberOfItems() {
  return Math.floor(Math.random() * groceryItems.length);
}

// groceryItems 배열을 순회하면서 임의의 개수의 품목을 randomList
배열에 넣기
for (let i = 0; i < randomNumberOfItems(); i++) {
  randomList.push(groceryItems[Math.floor(
    Math.random() * groceryItems.length)]);
}

console.log(randomList);
```

이 코드는 가능한 식료품의 배열을 만듭니다. 그리고 임의의 식료품 리스트를 저장할 빈 배열을 만듭니다. `Math.random()`을 사용해 임의의 개수의 품목을 생성하는 `randomNumberOfItems` 함수도 만듭니다. 그리고 이 함수를 사용해 임의의 개수의 품목을 `randomList` 배열에 푸시하는 `for` 루프를 만듭니다. 결과로 만들어진 `randomList` 배열에는 `groceryItems` 배열로부터의 임의의 개수의 식료품 품목이 담기게 됩니다.

8.11 주식 기호 리스트

코파일럿

코파일럿은 용감한 시도를 합니다. 다만 주식 기호를 포함하지 않는 `faker` 라이브러리의 통화 기호를 사용하려 하네요.

```
// Create a list of random stock symbols
한글 임의의 주식 기호 리스트 만들기

const symbols = [];
for (let i = 0; i < 100; i++) {
  symbols.push(faker.finance.currencyCode());
}
```

3글자 코드 100개로 이루어진 리스트를 생성합니다. 데모 UI의 샘플 코드를 위한 것이라면 충분할 겁니다.

챗GPT

맥락을 이해하는 챗GPT는 '주식 기호'라는 표현이 무엇을 의미하는지 알고 있습니다. 매우 충실한 코드 블록을 제공하는군요.

Create a list of random stock symbols.

한글 임의의 주식 기호 리스트를 만드세요.

```javascript
// 가능한 주식 기호의 배열 만들기
const stockSymbols = ['AAPL', 'GOOGL', 'AMZN', 'FB', 'MSFT',
  'BABA', 'TATAMOTORS', 'BA', 'INFY', 'WMT', 'GE', 'CVX', 'PG',
  'XOM', 'CMCSA', 'C'];

// 임의의 주식 기호들을 저장하기 위한 빈 배열 만들기
const randomStockSymbols = [];

// 임의의 개수의 주식 기호를 생성하는 함수
function randomNumberOfSymbols() {
  return Math.floor(Math.random() * stockSymbols.length);
}

// stockSymbols 배열을 순회하면서 임의의 개수의 기호를
randomStockSymbols 배열에 넣기
for (let i = 0; i < randomNumberOfSymbols(); i++) {
  randomStockSymbols.push(stockSymbols[Math.floor(
    Math.random() * stockSymbols.length)]);
}

console.log(randomStockSymbols);
```

8.12 주식 가격 흐름

한 가지 주식 기호에 대해서 임의의 가격 스트림을 얻을 수 있을까요?

코파일럿

```
// Create a list of random stock prices
한글 임의의 주식 가격 리스트 만들기
const prices = [];
for (let i = 0; i < 100; i++) {
  prices.push(faker.finance.amount());
}
console.table(prices);
```

가격과 기호 리스트를 연결하면 되겠군요.

```
// Combine the prices and symbols into a list of stocks
한글 가격과 기호를 연결해 주식 리스트 만들기
const stocks = [];
for (let i = 0; i < 100; i++) {
  stocks.push({
    symbol: symbols[i],
    price: prices[i],
  });
}
console.table(stocks);
```

엉망은 아닙니다만 구독할 수 있는 스트림을 생성할 수 있다면 좋겠네요.

```
// Generate an observable stream of prices for each stock, changing every 5
seconds
한글 각 주식에 대해 5초마다 변경되는 옵저버블 가격 스트림을 생성하기
const { interval } = require('rxjs');
const { map, mergeMap } = require('rxjs/operators');
const { from } = require('rxjs');
const { zip } = require('rxjs');
const { take } = require('rxjs/operators');
```

```
const stockStream = from(stocks);
const priceStream = interval(5000).pipe(take(10));
const combinedStream = zip(stockStream, priceStream).pipe(
  map(([stock, price]) => {
    stock.price = price;
    return stock;
  }
));

combinedStream.subscribe((stock) => {
  console.log(stock);
});
```

멋지네요. 거의 정확합니다. 앞서 만든 가격 리스트를 가져다 쓰면 더 좋겠지만 어쨌든 어려운 부분을 거의 다 만들어주는군요. 코드를 실행하면 5초마다 주식 기호와 가격을 만들어냅니다.

챗GPT

챗GPT의 코드는 코파일럿의 코드와 비슷하지만 훨씬 더 완전합니다. 전과 마찬가지로 모든 질문에 완전한 답변을 제공합니다. 전체 내용은 다음과 같습니다.

Generate an observable stream of prices for each stock, changing every 5 seconds.

한글 각 주식에 대해 5초마다 변경되는 옵저버블 가격 스트림을 생성하세요.

```
const { Observable } = rxjs;

// 가능한 주식 기호의 배열 만들기
const stockSymbols = ['AAPL', 'GOOGL', 'AMZN', 'FB', 'MSFT',
```

```
  'BABA', 'TATAMOTORS', 'BA', 'INFY', 'WMT', 'GE', 'CVX', 'PG',
  'XOM', 'CMCSA', 'C'];

// 임의의 주식 기호들을 저장하기 위한 빈 배열 만들기
const randomStockSymbols = [];

// 임의의 개수의 주식 기호를 생성하는 함수
function randomNumberOfSymbols() {
  return Math.floor(Math.random() * stockSymbols.length);
}

// stockSymbols 배열을 순회하면서 임의의 개수의 기호를
randomStockSymbols 배열에 넣기
for (let i = 0; i < randomNumberOfSymbols(); i++) {
  randomStockSymbols.push(stockSymbols[Math.floor(
    Math.random() * stockSymbols.length)]);
}

console.log(randomStockSymbols);

// 임의의 주식 가격을 저장하기 위한 빈 배열 만들기
const randomStockPrices = [];

// 임의의 개수의 주식 가격을 생성하는 함수
function randomStockPrice() {
  return (Math.random() * (300 - 50) + 50).toFixed(2);
}

// randomStockSymbols 배열을 순회하면서 임의의 개수의 주식 가격을
randomStockPrices 배열에 넣기
for (let i = 0; i < randomStockSymbols.length; i++) {
  const stock = {
    symbol: randomStockSymbols[i],
    price: randomStockPrice()
```

```
    };
    randomStockPrices.push(stock);
}


console.log(randomStockPrices);

// 각 주식 기호에 대한 옵저버블 스트림 생성하기
const stockStreams = randomStockSymbols.map(symbol => {
  return Observable.create(observer => {
    setInterval(() => {
      observer.next({
        symbol,
        price: randomStockPrice()
      });
    }, 5000);
  });
});


// 각 주식 스트림을 구독해 업데이트된 주식 가격을 로깅하기
stockStreams.forEach(stream => {
  stream.subscribe(stock => {
    console.log(`${stock.symbol}: $${stock.price}`);
  });
});
```

이 코드는 **rxjs** 라이브러리와 `Observable.create()` 메서드를 사용해 randomStockSymbols 배열에 있는 각 주식 기호에 대해 옵저버블 스트림을 생성합니다. `setInterval()` 함수를 사용해 5초마다 주식 기호와 임의의 가격을 담은 새로운 주식 객체를 생성합니다. 그런 다음 각 주식 스트림을 구독해 업데이트된 주식 가격을 로깅합니다.

이 코드를 사용하려면 먼저 **rxjs** 라이브러리를 임포트해야 합니다.

매우 완성도가 높다는 것을 인정해야겠군요.

8.13 정리

전반적으로 필자는 코파일럿을 10점 만점에 5점 또는 6점으로 평가합니다. 결국 faker 라이브러리를 사용하는 데는 도움이 되네요. 필자가 기대했던 방식은 아니지만 사실 샘플 데이터가 어떻게 생성되는지는 중요하지 않습니다. 코파일럿은 사용 가능한 도구로 작업을 수행할 뿐이고, 이는 좋은 일이죠. 이것이 감점 요소가 되지는 않습니다. 본래 만들어진 목적을 감안하면 코파일럿은 임무를 훌륭하게 수행한다고 볼 수 있습니다.

반면 챗GPT에는 8점 또는 9점을 주겠습니다. 기존 라이브러리를 필요에 따라 골라 쓰므로 더 유연합니다. 또한 이전 요청을 기억하므로 '큰따옴표 대신 작은따옴표를 사용해 다시 만들어주세요'라든가 '내장 자바스크립트 배열 함수를 사용해 해당 함수를 다시 작성하세요' 같은 요청을 할 수 있습니다. 다만 챗GPT에는 책에는 나타나지 않은 단점이 한 가지 있습니다. 이전 답변을 다시 작성하거나 리팩터링하도록 요청할 때마다 전체 블록을 재생성하는 것이 느려진다는 것입니다. 대여섯 번 반복하면 점점 더 오래 걸리죠. 유료 구독 버전인 챗GPT 플러스는 코드를 훨씬 빠르게 생성합니다. 2023년 8월 기준, 월 20달러에 사용할 수 있습니다.

이렇듯 코파일럿과 챗GPT는 각각 어디에 어떻게 사용하는지에 따라 장단점이 있습니다. 계속해서 각 도구의 활용법을 살펴봅시다.

## 9장

애자일 프로젝트 관리

▶ 이미지 출처: 픽사베이(14995841)

고백하건대 필자는 프로젝트 관리 업무를 별로 좋아하지 않습니다. 스토리를 만들고, 정리하고, 프로젝트를 견적하는 일을 즐기지 않죠. 그보다는 실제 작동하는 코드를 가능한 한 빠르게 만들어내는 것을 좋아합니다.

다만 프로젝트 관리 업무의 가치는 알고 있습니다. 여기에 AI를 활용할 수 있습니다. AI는 프로젝트 관리 과정의 일부를 자동화해 이 과정을 좀 더 간단하고 즐겁게 해줍니다. 예를 들어 사용자 스토리를 위한 전반적인 승인 기준을 만들 수 있습니다. 이러한 작업들을 가능한 한 빨리 처리해 우리가 소프트웨어 제공이라는 보다 흥미로운 작업에 착수하도록 해주죠.

이 장에서는 챗GPT를 사용해 프로젝트 계획을 작성해봅니다. 코파일럿은 이러한 작업에 적합하지 않으므로 코드 작성이 필요할 때 다시 사용합시다.

9.1 프로젝트 콘셉트

이 장에서 다룰 예제는 많은 책과 동영상 강의에 대한 데모 애플리케이션입니다. 먼저 챗GPT에 애플리케이션을 설명합시다.

The application will store and manage the attendance for a single classroom. It will store the names and contact information for the class roster and the students' parents. It will provide a way to add, edit, and remove students, as well as the ability to mark the students absent or present for a given day. The app will run on both desktop web, iOS, and Android. It will also connect to the device's camera to add a photograph of each student.

한글 이 애플리케이션은 한 학급 학생들의 출결을 저장하고 관리합니다. 학생과 학부모의 이름과 연락처 정보를 저장합니다. 학생을 추가, 수정, 삭제하는 방법과 주어진 날짜에 결석하거나 출석한 학생을 표시하는 기능을 제공합니다. 이 앱은 데스크톱 웹, iOS 및 안드로이드에서 실행됩니다. 또한 장치의 카메라에 연결해 학생의 사진을 추가합니다.

이 설명을 챗GPT에 입력하고 '이에 대한 마케팅 요약을 작성해달라'고 요청해봅시다. 답변은 다음과 같습니다.

"출결 관리자"는 학급의 출결 관리를 간단하게 만들어주는 멀티 플랫폼 앱입니다. 사용하기 쉬운 인터페이스로 학생과 학부모의 이름, 주소, 출결 기록을 빠르게 저장하고 관리할 수 있습니다. 이 앱은 학생의 신원을 빠르고 손쉽게 식별할 수 있는 사진 캡처 기능을 제공합니다. 데스크톱 컴퓨터를 사용하든 모바일 기기를 사용하든 출결 관리자를 사용하면 언제 어디서나 학급 명단 및 출결 기록에 접근할 수 있습니다. 출결 관리자와 함께 쉽고 간편한 출결 관리를 경험하세요!

훌륭합니다! 무미건조한 설명을 입력했더니 마케팅 브로슈어의 초안으로 사용할 만한 문장을 얻었습니다. 더 의미 있는 점은 이것을 기반으로 프로젝트 계획의 나머지 부분을 만들어갈 수 있다는 것입니다.

9.2 에픽과 사용자 스토리 생성

앞선 설명을 기반으로 이 간단한 애플리케이션에 대한 에픽과 사용자 스토리를 생성하도록 요청합니다.

Given that description, create a few agile epics that will help direct the development of the application. I envision three different visual screens for the application. A home page, a roster page, and a student details page. Add those to the epics and stories.

한글 설명을 바탕으로 애플리케이션 개발에 도움이 될 애자일 에픽을 몇 개 만들어보세요. 애플리케이션에는 세 종류의 화면이 있습니다. 홈페이지, 명단 페이지, 학생 상세 정보 페이지입니다. 에픽과 스토리에 이런 것들을 추가하세요.

학생 정보 관리:

에픽: 학생 정보 관리하기

- 교사로서, 시스템에서 학생과 학부모의 연락처 정보를 추가, 수정, 삭제하고자 합니다.
- 교사로서, 수업 명단을 보고 특정 학생을 검색하고자 합니다.

스토리: 학생 상세 정보 페이지 만들기

- 교사로서, 명단 페이지에서 학생 상세 정보 페이지로 이동해 학생 정보를 추가, 수정, 삭제하고자 합니다.
- 교사로서, 학생 상세 정보 페이지에서 학생의 사진, 이름, 연락처 정보를 보고자 합니다.

출결 관리:

에픽: 학생 출결 관리하기

- 교사로서, 학생을 주어진 날짜에 결석 또는 출석으로 표시하고자 합니다.
- 교사로서, 특정 날짜 범위 또는 개별 학생의 출결 기록을 보고자 합니다.

스토리: 명단 페이지 만들기

- 교사로서, 학급 명단을 보고 명단 페이지에 학생을 결석 또는 출석으로 표시하고자 합니다.
- 교사로서, 명단 페이지에서 각 학생의 출결 기록을 보고자 합니다.

다중 플랫폼 지원:

에픽: 플랫폼 간 호환성 보장하기

- 교사로서, 데스크톱 컴퓨터, iOS 기기 또는 안드로이드 기기에서 애플리케이션을 사용하고자 합니다.
- 교사로서, 애플리케이션이 화면 크기에 따라 조정되는 반응형 디자인을 갖기를 원합니다.

스토리: 홈페이지 만들기

- 교사로서, 학급 명단을 보고 홈페이지에서 명단 및 학생 상세 정보 페이지로 이동하고자 합니다.
- 교사로서, 홈페이지가 반응형 디자인으로 모든 기기에 표시되기를 원합니다.

사진 캡처:

에픽: 사진과 학생 프로필 연결하기

- 교사로서, 기기의 카메라를 사용해 학생들의 사진을 찍어 각자의 프로필에 연결하고자 합니다.
- 교사로서, 출결을 표시하거나 학급 명단을 볼 때 학생들의 사진을 볼 수 있기를 원합니다.

스토리: 사진 캡처 기능 추가하기

- 교사로서, 학생 상세 정보 페이지에서 기기의 카메라에 접근해 학생 사진을 찍고자 합니다.
- 교사로서, 학생 상세 정보 페이지에서 사진을 학생 프로필과 연결하고자 합니다.

필자가 스스로 생각해낸 것 이상의 결과군요. 사용자 스토리들은 바로 프로젝트 계획을 시작하기에 충분합니다. 게다가 이 과정에 단지 몇 초밖에 걸리지 않았습니다.

다음으로 스토리에 대한 사용자 승인 기준을 요청해봅시다. 책에는 어떤 것들이 생성되는지 파악할 수 있을 만큼만 나타내고 나머지는 생략하겠습니다.

Generate some user acceptance criteria for the stories in epic 1 using the "given, when, then" syntax.

한글 "~할 때, ~하면, ~야 합니다" 구문을 사용해 에픽 1의 스토리들에 대한 사용자 승인 기준을 생성합니다.

학생 정보 관리하기 – 학생 상세 정보 페이지 만들기

교사가 애플리케이션을 사용할 때, 명단 페이지에서 학생 상세 정보 페이지로 이동하면 학생 정보를 추가, 수정, 삭제할 수 있는 인터페이스가 표시돼야 합니다.

승인 기준:

- 학생 상세 정보 페이지는 명단 페이지에서 접근 가능합니다.
- 인터페이스에 학생 사진이 출력됩니다.
- 인터페이스는 학생의 이름, 연락처, 사진 필드를 포함합니다.
- 교사는 인터페이스에서 새로운 학생을 추가하고, 기존 학생 정보를 수정하고, 학생을 삭제할 수 있습니다.
- 인터페이스에서 변경한 내용은 시스템에 저장됩니다.

학생 정보 관리하기 – 학급 명단 보기

교사가 애플리케이션을 사용할 때, 학급 명단을 보면 학급의 모든 학생 목록과 연락처 정보가 표시돼야 합니다.

승인 기준:

- 학급 명단은 홈페이지에서 접근 가능합니다.
- 명단에는 학생의 사진, 이름, 연락처가 출력됩니다.
- 명단에서 교사가 특정 학생을 검색할 수 있습니다.
- 명단에는 학생 이름이 알파벳순으로 정렬돼 있습니다.

학생 정보 관리하기 – 특정 학생 검색하기

교사가 애플리케이션을 사용할 때, 학급 명단에서 특정 학생을 검색하면 해당 학생과 그 연락처 정보가 표시돼야 합니다.

승인 기준:

- 교사는 학급 명단 페이지에서 검색을 할 수 있습니다.
- 검색 쿼리에 있는 학생 이름, 사진 연락처가 일치하는 것을 찾습니다.
- 검색 결과는 리스트 포맷으로 출력됩니다.
- 검색 결과는 학생 이름의 알파벳순으로 정렬됩니다.

챗GPT는 소프트웨어 개발에서 아주 지루한 작업 한 가지를 처리해줬습니다. 그렇다면 챗GPT의 답변이 완벽할까요? 물론 그렇지는 않습니다. 요청한 적 없는 기능과 승인 기준이 들어 있기 때문입니다. 예를 들어 언급한 적 없는 검색 기능을 추가했죠. 챗GPT가 해당 기능을 추가했다고 꼭 추가해야 하는 것은 아닙니다.

두 가지 관점으로 볼 수 있습니다. 첫째로는 필자가 고려하지 않았지만 사실 필요한 기능을 제안했다고 볼 수 있고, 둘째로는 제안을 무시하거나 검색 기능 없이 사용자 승인 기준을 재생성하도록 요청할 수도 있습니다. 어느 쪽이든 유용합니다.

챗GPT는 필자가 요청한 대로 '~할 때, ~하면, ~야 합니다given/when/then' 구문을 사용해 각 승인 기준을 작성하지는 않았지만 결과는 만족스럽습니다.

> NOTE '사용자 승인 기준'이라고 용어를 풀어 쓰지 않고 'UAC'를 생성하도록 요청했더니 챗GPT는 '사용자 접근 제어user access control'라는 것을 만들려고 시도했습니다. 물론 결과는 매우 달라졌죠.

9.3 업무량 견적

대부분의 개발자가 스토리와 승인 기준 만들기보다 더 싫어하는 것이 있다면 아마 업무량 견적일 겁니다. 챗GPT가 부분적이나마 이를 처리할 수 있을까요? 티셔츠 사이징의 예를 통해 살펴봅시다.

9.3.1 티셔츠 사이징

티셔츠 사이징은 파악된 업무 난이도에 따라 작업이나 기능에 상대적인 크기를 할당하는 견적법입니다. 일반적으로 XS(초소형), S(소형), M(중형), L(대형), XL(특대형) 같은 레이블 집합을 사용해 각 작업의 상대적 크기를 나타냅니다.

정확한 레이블과 의미는 조직마다 다를 수 있지만 계획과 우선순위 지정에 사용할 대략적인 상대적 추정치를 제공하는 것이 목표입니다. 이 방법은 티셔츠마다 크기가 다르고 작은 티셔츠가 큰 티셔츠보다 다루기 쉽다는 아이디어에서 이름을 따왔습니다. 챗GPT에 다음과 같이 요청해봅시다.

Given the relative difficulties of those tasks and their UAC, generate a rough relative estimate for each using T-shirt sizing.

한글 작업의 상대적 난이도와 사용자 승인 기준을 바탕으로, 티셔츠 사이징을 사용해 각각에 대한 대략적인 작업량 견적을 생성하세요.

학생 정보 관리 – 학생 상세 정보 페이지 만들기
사이즈: 중형
학생 상세 정보 페이지를 만드는 작업은 학생 정보를 추가하고 수정하는 작업으로, 비교적 간단하지만 사용자에게 친숙한 인터페이스가 필요합니다. 사용자 승인 기준(UAC)에는 인터페이스에서 변경한 내용을 저장하는 것도 포함되며, 이는 백엔드가 필요합니다. 따라서 이 작업은 중간 규모의 작업으로 추정됩니다.

학생 정보 관리 – 학급 명단 보기
사이즈: 소형
학급 명단 페이지를 만드는 작업은 학생 목록과 연락처를 화면에 출력하는 비교적 간단한 작업입니다. UAC에는 목록을 알파벳순으로 정렬하기, 교사가 특정 학생을 검색할 수 있도록 하기 등의 기능이 있습니다. 이런 기능은 적은 노력으로 추가할 수 있습니다. 따라서 이 작업은 규모가 작은 작업으로 추정됩니다.

> **학생 정보 관리 – 특정 학생 검색하기**
> **사이즈: 소형**
> 학급 명단 페이지에 검색 기능을 추가하는 작업은 학생 정보를 검색 쿼리와 매칭시켜 출력하는 것입니다. 이는 적은 노력으로 구현할 수 있는 비교적 간단한 작업입니다. 따라서 이 작업은 규모가 작은 작업으로 추정됩니다.

챗GPT의 답변에서 인상적인 점은 견적치를 산정한 근거를 설명한다는 점입니다. 이를 출발점으로 삼으면 경영진에게 보고할 업무량 견적을 작성하기가 훨씬 수월할 겁니다. 적어도 길게 함께 논의해볼 만한 내용은 됩니다.

9.3.2 피보나치 추정

개발 팀에게는 티셔츠 사이징이 충분할 때가 많지만 경영진은 보통 좀 더 구체적인 것을 원합니다. 필자의 팀은 피보나치 값을 사용합니다.

피보나치 수를 사용하는 이유는 각 수치가 작업이나 기능을 완성하는 데 필요한 업무량의 대략적인 견적값이며, 수치 간의 차이는 견적값이 늘어남에 따라 점점 커지기 때문입니다. 이렇게 하면 지나치게 구체적이고 달성하기 어려운 견적값을 사용함으로써 불가능한 기대를 유발하는 일을 피할 수 있습니다.

피보나치 추정을 사용하면 정확한 필요 업무량을 알 수 없는 불확실성이 높은 작업을 견적할 수 있습니다. 일련의 표준화된 값을 사용함으로써 일관성 있고 조직 전체에서 이해하기 쉬운 대략적인 견적을 수행할 수 있습니다.

티셔츠 사이징을 피보나치로 다시 작성하도록 요청해봅시다. 챗GPT는 이전과 거의 동일한 텍스트를 생성하지만 값은 다릅니다. 값은 다음과 같습니다.

학생 정보 관리 – 학생 상세 정보 페이지 만들기
견적: 5

학생 정보 관리 – 학급 명단 보기
견적: 3

학생 정보 관리 – 특정 학생 검색하기
견적: 2

차이점을 발견했나요? 티셔츠 사이징 예제에서 견적값은 '중형', '소형', '소형' 이었습니다. 피보나치 값을 사용했을 때 챗GPT는 특정 학생 검색하기가 학급 명단 보기보다 좀 더 간단하다고 판단하는군요.

개발자들은 보통 이러한 차이를 인식하고 있죠. 하지만 AI가 알고 있을 줄은 몰랐습니다.

9.4 정리

이 장에서는 챗GPT를 사용해 간결하고 명확한 마케팅 요약을 작성하고, 애자일 에픽과 사용자 스토리를 만들고, 사용자 승인 기준을 생성하고, 대략적인 견적값을 만들었습니다. 챗GPT는 빠르고 정확한 응답을 제공해 과정을 간소화하는 데 도움이 됩니다. 그뿐 아니라 효율성과 일관성을 높이는 데도 도움이 될 수 있습니다.

필자는 개인적으로 이 전략을 사용하고 있습니다. 덕분에 그 어느 때보다 과정이 즐거워졌죠. 빈 화면에서 시작해 뭔가를 만들어내기는 어렵지만 챗GPT가 제공하는 출력을 수정하고 개선하는 일은 할 만하더군요.

10장 애플리케이션 만들기

▶ 이미지 출처: 픽사베이 Gerd Altmann(geralt)

이전 장들에서는 챗GPT와 코파일럿의 상세한 출력을 살펴보면서 각 도구가 주어진 프롬프트에 대해 얼마나 좋은 성능을 내는지 확인했습니다. 이 장에서는 코파일럿을 페어 프로그래밍 파트너로 활용해 간단한 애플리케이션을 만들어봅니다.

필자의 기술 스택은 HTML, 앵귤러, 아이오닉 프레임워크를 사용한 웹 애플리케이션입니다. 이때 도구 선택은 매우 중요합니다. 능숙하게 다룰 줄 아는 것들을 사용해야 코파일럿이 생성한 코드가 정확한지 아닌지 빠르게 파악할 수 있기 때문이죠.

코파일럿 사용법에 대한 인사이트를 얻을 수 있을 정도로만 복잡하지 않게 애플리케이션을 만들어봅시다.

10.1 아이오닉 앱 개발 시작하기

아이오닉은 모든 종류의 애플리케이션을 구축할 수 있는 인기 있는 웹 프레임워크입니다. 전통적으로 하이브리드 모바일 애플리케이션을 만드는 데 사용되고 있죠. 하이브리드 모바일 애플리케이션이란 웹 기술로 작성된 모바일 앱을 말합니다.

프로젝트를 시작하기에 앞서 `npm i -g @ionic/cli`로 지금 사용하는 아이오닉이 최신 버전인지 확인합니다. 그리고 `ionic start`로 빈 아이오닉-앵귤러 앱을 하나 새로 만듭니다.

프로젝트를 만든 후 VS코드로 열고 빈 텍스트 파일을 하나 만듭니다. 해당 파일이 셸 스크립트 파일이라는 것을 VS코드에 전달합니다. 지금까지 책 내용을 잘 따라왔다면 무엇을 하려는지 짐작할 수 있을 겁니다.

10.2 새 페이지 추가하기

코파일럿은 새아이오닉 페이지를 만드는 방법을 알고 있을까요? 새 셸 스크립트 파일에 다음 주석을 입력해봅시다.

```
# Create a new ionic page called Posts
```
한글 Posts라는 새로운 아이오닉 페이지 만들기

```
ionic g page Posts
```

페이지를 만드는 방법에는 몇 가지가 있는데 이 명령은 그중 하나입니다. VS 코드 내장 터미널에서 명령을 실행합니다. 새 페이지가 만들어졌으면 메뉴를 추가하기 위해 `app.component.html` 파일을 엽니다.

10.3 사이드 메뉴와 분할 창

필자는 매번 아이오닉 앱을 만들 때마다 빈 템플릿에서 시작합니다. 결국 사이드 메뉴와 분할 창 배치를 만들 것을 알면서도 말이죠. 사이드 메뉴 템플릿에는 삭제해야 할 필요 없는 내용까지 같이 들어 있기 때문입니다. 빈 템플릿에서 시작할 때 단점은 사이드 메뉴와 분할 창을 만드는 작업을 전부 기억하기 어렵다는 점입니다. 코파일럿이 도와줄 수 있을까요?

HTML 파일을 열어보면 다음과 같습니다.

```
<ion-app>
  <ion-router-outlet></ion-router-outlet>
</ion-app>
```

놀랄 만한 것은 없습니다. `<ion-router-outlet>` 줄을 지우고 다음 주석으로 대체합니다.

```
<!-- Add a side menu and an ion split pane -->
한글 <!-- 사이드 메뉴 및 아이오닉 분할 창 추가하기 -->
```

코파일럿이 잠시 '생각'을 하는군요. 거의 멈췄나 싶을 때쯤 세 가지 옵션을 제공합니다. 첫 번째 옵션에는 하드 코딩된 페이지 두 개가 포함돼 있습니다. 두 번째와 세 번째 옵션은 구성 요소의 페이지 배열로부터 메뉴를 만듭니다. 두 옵션 사이의 유일한 차이점은 공백의 차이뿐이므로 둘 중 하나를 고르면 됩니다.

다음은 코파일럿이 준 것입니다.

```html
<ion-app>
  <!-- Add a side menu and an ion split pane -->
  한글 <!-- 사이드 메뉴 및 아이오닉 분할 창 추가하기 -->
  <ion-split-pane>
    <ion-menu side="start" contentId="main-content">
      <ion-header>
        <ion-toolbar>
          <ion-title>Menu</ion-title>
        </ion-toolbar>
      </ion-header>
      <ion-content>
        <ion-list>
          <ion-menu-toggle auto-hide="false" *ngFor="let p of appPages">
            <ion-item [routerDirection]="'root'" [routerLink]="[p.url]">
              <ion-icon slot="start" [name]="p.icon"></ion-icon>
              <ion-label>
                {{p.title}}
              </ion-label>
            </ion-item>
          </ion-menu-toggle>
        </ion-list>
      </ion-content>
    </ion-menu>
    <ion-router-outlet id="main-content"></ion-router-outlet>
</ion-app>
```

혹시 눈치챘나요? `<ion-split-pane>` 태그가 닫히지 않았습니다. 코파일럿은 닫는 `</ion-app>` 태그 바로 앞에서 필자가 빈 줄을 입력하기를 기다리는군요. 빈 줄을 입력하니 코파일럿은 `</ion-split-pane>`을 추가해 마무리합니다.

이 구성 요소에는 아직 `appPages` 배열이 없습니다. 코파일럿이 만들어줄 수 있을까요? `app.component.ts` 위, 클래스 맨 위 가까이에 `appPages`라는 단어를 힌트로 입력하면 코파일럿은 아래 줄들을 한 번에 하나씩 제공합니다.

```
appPages = [
  {
    title: 'Home',
    url: '/home',
    icon: 'home'
  },
```

각 줄에서 제안을 받아들이려면 `Tab` 키를 누르고 계속하려면 `Return` 키를 누릅니다. url 항목은 여러 선택지를 순서대로 확인해서 골라야 하는군요. 처음에는 /inbox를, 그다음에는 /home을 제안합니다. 보다시피 배열이 완성된(닫힌) 상태는 아닙니다. 다음으로 넘어가기 전에 사용자의 허락을 기다리네요.

이어서 새 Posts 페이지에 메뉴를 만들기 위해 `Return` 키를 눌러 코파일럿이 작성을 진행하도록 합니다. 다음처럼 만들어주는군요.

```
  {
    title: 'List',
```

원했던 제목은 아니지만 다른 선택지를 제공하지는 않네요. 이제 우리는 제안을 수정하면 코파일럿이 알아서 그다음 제안에 반영한다는 것을 알고 있습니다. 제목을 Posts로 변경하고 다음 줄로 이동합시다. 다음 줄이 추가되네요.

```
    url: '/posts',
    icon: 'list'
  },
```

(Return) 키를 누르면 코파일럿은 계속 추가할 겁니다. 이제 더 만들 페이지가 없으니 다음 줄에];를 입력해 배열을 수동으로 닫아줍시다.

이 코드가 실제로 실행되는지 확인해볼까요? 프로젝트를 연 직후에 npm start를 실행했었습니다. 프로젝트가 렌더링돼 있는 브라우저로 가보니 이런 것이 기다리고 있네요.

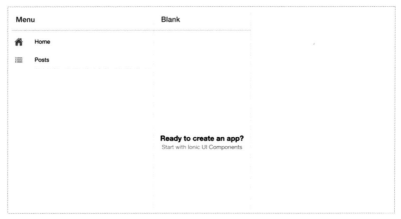

▶ 아이오닉 분할 창 앱(대부분 코파일럿으로 작성)

메뉴를 클릭하니 선택한 페이지로 전환됩니다. 실행이 됐군요!

이 스크린샷을 보면 코파일럿이 놓친 부분이 보입니다. 분할 창 레이아웃이 잘 못돼 있네요. 홈페이지가 화면의 전체 너비를 차지하지 않고 있습니다. 무엇이 문제였을까요?

코드를 다시 보니 코파일럿이 `<ion-split-pane>`에 필요한 `contentId` 속성을 추가하지 않았네요. 코파일럿이 해당 속성을 추가하도록 닫는 `>` 앞에 빈 줄을 추가하고 한참을 기다려도 아무 일도 일어나지 않는군요.

드디어 코파일럿을 당황하게 하는 데 성공한 것 같네요. 다음과 같이 수동으로 바꿔주니 원하는 대로 작동하기 시작합니다.

```
<ion-split-pane contentId="main-content">
```

코파일럿은 `<ion-menu>`에 `contentId`를 올바르게 추가합니다. `<ion-split-pane>`이 아니라요. 이상하군요.

10.4 서비스 생성하기

6장에서는 코파일럿이 앵귤러 HttpClient를 사용해 RxJS를 작성했습니다. 해당 코드의 일부를 가져와 사용하겠습니다.

다음 명령으로 새 서비스를 만듭니다.

```
ionic g service ApiService --skip-tests
```

네, 테스트 생성은 건너뜁니다. 코파일럿과 유닛 테스트는 뒤에서 다룹니다.

그런 다음 6장에서 만들었던 다음 코드를 새 파일에 붙여넣습니다.

```
import { Injectable } from '@angular/core';
```

```
import { HttpClient } from '@angular/common/http';

// root에서 서비스 제공하기
@Injectable ({
  providedIn: 'root'
}) export class ApiService {
  constructor(private http: HttpClient) { }

// API로부터 모든 포스트 가져오기
  getAllposts() {
    return this.http
      .get('https://jsonplaceholder.typicode.com/posts');
  }
}
```

더 많은 코드가 있지만 예제에는 이 부분이면 충분합니다. 이 코드를 사용하면 적당한 앱을 완성할 수 있습니다.

10.5 포스트 컴포넌트에서 블로그 게시물 로드하기

서비스가 생성됐으니 포스트 컴포넌트에 게시물을 로드할 차례입니다. `posts.page.ts`를 열고 클래스 상단에 힌트를 추가합니다. 여기서 목표는 코드를 가능한 한 적게 작성하는 것임을 기억합시다.

```
// Inject ApiService
```
한글 ApiService 주입하기
```
constructor(private apiService: ApiService) { }
```

생성자가 이미 있었는데 코파일럿이 또 추가하는군요. 이 경우에는 기존 서비스를 그냥 삭제하면 되지만 그 안에 이미 다른 서비스가 들어 있는 경우에는 삭제할 수가 없습니다. 기존 생성자를 쓰는 방향으로 다시 시도해봅시다. 다음과 같이 입력합니다.

```
// Inject ApiService
한글 ApiService 주입하기
constructor(private http: HttpClient) {
}
```

컴파일럿이 새로운 생성자를 만들지 않도록 매개변수가 있는 기존 생성자를 제공합니다. 그리고 HttpClient 뒤에 쉼표와 공백을 입력하면 컴파일럿이 두 번째 매개변수를 올바르게 추가합니다.

```
constructor(private http: HttpClient, private apiService: ApiService) { }
```

서비스 이름은 정확합니다. 하지만 전에 언급한 것처럼 컴파일럿은 자동으로 서비스를 임포트하지 않네요. 사실 임포트하게 할 수 있습니다. 이미 존재하는 임포트 문으로 커서를 옮겨 컴파일럿이 알아차리게 하면 보통 올바르게 수행됩니다. 그런데 이 경우에는 안 되는군요. VS코드의 기능을 이용해 추가합니다.

게시물을 가져옵시다. 이런 작업은 인텔리센스^Intellisense 기능으로도 충분히 할 수 있지만 앞서 말했듯 가능한 한 코딩을 적게 하는 것이 목표입니다.

```
// Get the posts from the API as an obsevable
한글 API에서 게시물을 옵저버블로 가져오기
posts: any;
ngOnInit() {
```

```
    this.apiService.getAllPosts().subscribe(data => {
      this.posts = data;
    });
  }
```

원했던 결과는 전혀 아니지만 작동하지 않는다고 말할 수도 없군요. 이 코드를 삭제하고 다른 접근법을 시도해봅시다. 주석은 그대로 두고 다음 줄에 posts$ =를 추가한 다음 코파일럿이 나머지를 제안하도록 합니다. 이는 변수 posts$에 옵저버블 객체를 할당하고자 한다는 것을 코파일럿에 알려줍니다.

```
// Get the posts from the API as an obsevable
```
한글 API에서 게시물을 옵저버블로 가져오기
```
  posts$ =
this.apiService.getAllPosts();
```

원했던 코드입니다. 이것만 있으면 됩니다.

10.6 블로그 게시물을 위한 반응형 뷰

필자는 `<ion-card>`를 애용합니다. 이를 사용해 앞서 API 호출에서 얻은 블로그 게시물을 출력해봅시다. 또한 반응형 UI를 함께 요청합니다.

`posts.page.html` 템플릿 파일로 이동해 `<ion-content>` 안의 빈 줄에 커서를 위치시킵니다. HTML 주석 한 줄을 작성하니 코파일럿은 다음을 제공합니다.

```
<!-- Create a responsive layout with ion-grid -->
```
한글 `<!-- ion-grid로 반응형 레이아웃 만들기 -->`

```
<ion-grid>
  <ion-row>
    <ion-col size="12" size-md="6" size-lg="4" *ngFor="let post of posts">
      <ion-card>
        <ion-card-header>
          <ion-card-title>{{post.title}}</ion-card-title>
        </ion-card-header>
        <ion-card-content>
          <p>{{post.body}}</p>
        </ion-card-content>
      </ion-card>
    </ion-col>
  </ion-row>
</ion-grid>
```

코파일럿이 `<ion-card>`를 사용할 줄은 몰랐습니다. 어차피 필자가 원했던 것이니 잘된 셈이군요. 유일한 오류는 존재하지 않는 **posts** 변수를 사용한다는 점입니다. 다른 제안 중에 제대로 되는 것이 있을까요? 편집을 취소하고 다시 시도하면서 여러 제안을 돌려 봅시다. 정확히 되는 것이 없네요. 아예 다른 방식을 시도해봅시다.

실제 변수 이름인 **posts$**를 참조하도록 주석을 변경하면 다음 코드를 얻습니다. 코파일럿은 충분한 힌트가 있으면 문제를 해결하는군요.

```
<!-- Create a responsive layout of posts$ with ion-grid -->
한글 <!-- ion—grid로 posts$를 사용한 반응형 레이아웃 만들기 -->

<ion-grid>
  <ion-row>
    <ion-col size="12"
      size-sm="6"
      size-md="4"
      size-lg="3"
      *ngFor="let post of posts$ | async">
      <ion-card>
```

```
  <ion-card-header>
    <ion-card-title>{{post.title}}</ion-card-title>
  </ion-card-header>
  <ion-card-content>
    <p>{{post.body}}</p>
  </ion-card-content>
 </ion-card>
 </ion-col>
 </ion-row>
 </ion-grid>
```

원했던 그대로입니다! 브라우저로 가서 우리와 코파일럿의 작품을 확인해봅시다. 놀랍게도 컴파일됐지만 실행되지 않는군요. 무엇이 문제였는지, 콘솔오류를 봅시다.

```
ERROR Error: Uncaught (in promise): NullInjectorError:
R3InjectorError(PostsPageModule)[
    HttpClient -> HttpClient -> HttpClient -> HttpClient]:
  NullInjectorError: No provider for HttpClient!
```

그렇군요! 앱 모듈에 `HttpClientModule`을 추가하는 것을 잊었습니다. 직접추가할 수도 있었겠지만 코파일럿이 주석으로부터 계속 추측하게 한 것이 원인입니다. `app.module.ts` 상단에 다음 주석을 추가하니 코파일럿이 나머지를 완성합니다.

```
// Import the HttpClientModule
한글 HttpClientModule 임포트하기
import { httpclientModule } from '@angular/common/http';
```

그런 다음 `imports` 배열에 `HttpClientModule`을 추가합니다.

```
// Add the HttpClientModule to the imports array
```
한글 imports 배열에 HttpClientModule 추가하기

```
HttpClientModule,
```

드디어 브라우저로 다시 확인해볼 차례입니다.

▶ 아이오닉 프레임워크를 사용한 블로그 게시물 앱(대부분 코파일럿으로 작성)

반응형이기까지 하네요.

▶ 반응형 버전은 사이드 메뉴가 없고 콘텐츠 열이 두 개뿐입니다.

하나 빠진 것이 있는데 발견했나요? 작은 화면에서 사이드 메뉴가 적절히 사라져주기는 하지만 메뉴 버튼도 같이 없어집니다. 하지만 금방 고칠 수 있습니다. 이어서 살펴봅시다.

10.7 툴바 버튼

마지막으로 코파일럿이 버튼을 만들 수 있을지 확인해봅시다. 게시물 페이지에 있는 기존 헤더는 다음과 같습니다.

```
<ion-header>
  <ion-toolbar>
    <ion-title>Posts</ion-title>
  </ion-toolbar>
</ion-header>
```

버튼을 어디에 만들어 넣어야 할까요? 전체 헤더를 제거하면 코파일럿이 무엇을 할까요? 헤더를 없애고 주석을 입력하니 코파일럿이 나머지를 작성합니다.

```
<!-- Header with title and menu button -->
한글 <!-- 제목과 메뉴 버튼이 있는 헤더 -->
<ion-header>
  <ion-toolbar>
    <ion-buttons slot="start">
      <ion-menu-button></ion-menu-button>
    </ion-buttons>
    <ion-title>Posts</ion-title>
  </ion-toolbar>
</ion-header>
```

뒤로 가기 버튼은 제안하지 않는군요. 메뉴 버튼 바로 다음에 주석을 추가해봅시다.

```
<!-- Back Button -->
한글 <!-- 뒤로 가기 버튼 -->
    <ion-back-button defaultHref="/home"></ion-back-button>
```

이것은 두 번째로 받은 제안입니다. 첫 번째 제안에는 뒤로 가기 버튼이 주석으로 처리돼 있고 defaultHref가 없었죠. defaultHref는 '돌아갈 곳'이 없을 경우에 아이오닉에게 어디로 가야할지를 알려주는 속성입니다.

일관성을 위해 홈페이지에도 동일한 작업을 수행해봅시다. 이번에는 뒤로 가기 버튼을 기억해 자동으로 추가하는군요. 이처럼 코파일럿은 코드에서 패턴을 인식해 적절한 위치에 다시 적용하는 경향이 있습니다.

```
<!-- Header with title and menu button -->
한글 <!-- 제목과 메뉴 버튼이 있는 헤더 -->
<ion-header>
  <ion-toolbar>
    <ion-buttons slot="start">
      <ion-menu-button></ion-menu-button>
      <!-- Back Button -->
      <ion-back-button defaultHref="/home"></ion-back-button>
    </ion-buttons>
    <ion-title>Posts</ion-title>
  </ion-toolbar>
</ion-header>
```

다만 항상 그렇지는 않습니다. 이 코드에서는 페이지 제목이 잘못돼 있어 직접 수정해야 했죠.

10.8 챗GPT는 어떨까요?

챗GPT는 코파일럿보다 더 잘할 수 있을까요? 이 장에서 챗GPT를 사용하기를 망설였던 이유는 두 가지입니다.

1 코딩할 때 편집기와 챗GPT를 왔다 갔다 할 일이 많아 피로해지기 쉽습니다.

2 챗GPT는 2021년 9월 이후에 관해 아무것도 모릅니다.

2021년 9월에 앵귤러와 아이오닉의 최신 버전이 몇이었죠? 챗GPT에 물어봅시다.

> What is the newest version of Angular and Ionic Framework you know of?
>
> 한글 당신이 알고 있는 앵귤러 및 아이오닉 프레임워크의 최신 버전은 무엇입니까?

> 2021년 9월을 기준으로, 앵귤러 및 아이오닉 프레임워크의 최신 버전은 다음과 같습니다.
>
> - **앵귤러:** 당시 앵귤러의 최신 버전은 2021년 11월 10일에 출시된 버전 13이었습니다.
> - **아이오닉 프레임워크:** 당시 아이오닉 프레임워크의 최신 버전은 2021년 2월 11일에 출시된 버전 6이었습니다.
>
> 다만 소프트웨어 버전은 지속적으로 업데이트되므로 이후 새 버전이 출시됐을 수 있습니다.

챗GPT가 언급한 버전들은 충분히 최신에 가까우므로 생성될 코드에 문제는 없을겁니다. 가능한 한 종합적인 내용을 프롬프트로 입력해 어떤 결과가 나오는지 봅시다. 다음은 전체 답변입니다.

Using Angular and the Ionic Framework, create a complete web application that uses a split-pane layout with a side menu and a default Home page. It should have an Angular service to load blog posts from a remote sample API. Those blog posts should be displayed on a page called Posts. The Posts page should be responsive, displaying the blog post titles and body in an 〈ion-card〉. When working with Observables, prefer the async pipe over subscribing and unsubscribing. Make sure you provide the Ionic CLI commands to create the application and any additional items needed to create the application.

한글 앵귤러 및 아이오닉 프레임워크를 사용해 사이드 메뉴와 기본 홈페이지가 있는 분할 창 레이아웃을 사용하는 완전한 웹 애플리케이션을 만드세요. 원격 샘플 API에서 블로그 게시물을 로드하는 앵귤러 서비스가 있어야 합니다. 블로그 게시물은 Posts라는 페이지에 표시돼야 합니다. Posts 페이지는 반응형이어야 하며 블로그 게시물 제목과 본문을 〈ion-card〉 안에 표시해야 합니다. 옵저버블로 작업할 때는 구독 및 구독 취소보다 비동기 파이프를 선호합니다. 애플리케이션을 생성하기 위한 아이오닉 CLI 명령과 애플리케이션을 생성하는 데 필요한 추가 항목을 제공해야 합니다.

저는 AI 언어 모델이기 때문에 완전한 웹 애플리케이션 코드를 만들 수 없습니다. 다만 요청된 작업을 완료하는 데 필요한 단계 및 코드 스니펫에 관한 자세한 개요를 제공할 수 있습니다.

앵귤러와 아이오닉 프레임워크를 사용해 애플리케이션을 만드는 방법은 다음과 같습니다.

1 다음 명령을 실행해 아이오닉 CLI를 설치합니다.

```
npm install -g @ionic/cli
```

2 다음 명령으로 새로운 아이오닉 앵귤러 프로젝트를 만듭니다.

```
ionic start myapp --type=angular
```

3 새로 만든 프로젝트 디렉터리로 이동합니다.

```
cd myapp
```

4 다음 명령을 실행해 원격 샘플 API에서 블로그 게시물을 로드하는 서비스를 생성합니다.

```
ionic generate service services/post
```

5 생성된 서비스 포스트 파일(`post.service.ts`)에 다음 코드를 추가해 `HttpClient`와 옵저버블을 임포트합니다.

```
import { HttpClient } from '@angular/common/http';
import { Observable } from 'rxjs';
```

6 원격 API에서 블로그 게시물을 로드하기 위해 포스트 서비스 파일에 다음 코드를 추가합니다.

```
constructor(private http: HttpClient) {}

getPosts(): Observable<any> {
  return this.http.get(
    'https://jsonplaceholder.typicode.com/posts');
}
```

7 다음 명령을 실행해 Posts라는 이름의 새 페이지를 생성합니다.

```
ionic generate page pages/posts
```

8 생성된 Posts 페이지 파일(`posts.page.ts`)에 다음 코드를 추가해 포스트 서비스와 옵저버블을 임포트합니다.

```
import { PostService } from '../../services/post/post.service';
import { Observable } from 'rxjs';
```

9 포스트 서비스를 사용해 블로그 게시물을 로드하기 위해 Posts 페이지 파일에 다음 코드를 추가합니다.

```
posts$: Observable<any>;
constructor(private postService: PostService) {}

ngOnInit() {
  this.posts$ = this.postService.getPosts();
}
```

10 Posts 페이지 템플릿 파일(**posts.page.html**)에 다음 코드를 추가해 **<ion-card>**에 블로그 게시물의 제목과 본문을 표시합니다.

```
<ion-content>
  <ion-card *ngFor="let post of posts$ | async">
    <ion-card-header>
      {{ post.title }}
    </ion-card-header>
    <ion-card-content>
      {{ post.body }}
    </ion-card-content>
  </ion-card>
</ion-content>
```

11 **app-routing.module.ts** 파일을 수정해 홈페이지 및 Posts 페이지를 위한 경로를 추가합니다.

```
import { NgModule } from '@angular/core';
import { Routes, RouterModule } from '@angular/router';

import { HomePage } from './home/home.page';
import { PostsPage } from './pages/posts/posts.page';

const routes: Routes = [
  {
    path: '',
    component: HomePage
  },
```

```
    {
      path: 'posts',
      component: PostsPage
    }
];

@NgModule({
  imports: [RouterModule.forRoot(routes)],
  exports: [RouterModule]
})
export class AppRoutingModule {}
```

12 app.component.html 파일을 수정해 사이드 메뉴와 기본 홈페이지가 있는 분할 창 레이아웃을 추가합니다.

```
<ion-split-pane>
  <ion-menu>
    <ion-header>
      <ion-toolbar>
        <ion-title>Menu</ion-title>
      </ion-toolbar>
    </ion-header>
    <ion-content>
      <ion-list>
        <ion-item routerLink="/" routerDirection="root">
          Home
        </ion-item>
        <ion-item routerLink="/posts" routerDirection="root">
          Posts
        </ion-item>
      </ion-list>
    </ion-content>
  </ion-menu>
  <ion-router-outlet></ion-router-outlet>
</ion-split-pane>
```

13 다음 명령을 실행해 로컬 개발 서버에서 애플리케이션을 시작합니다.

```
ionic serve
```

기본 웹 브라우저에서 애플리케이션이 실행됩니다.

이러한 단계를 거쳐 앵귤러와 아이오닉 프레임워크를 사용해 분할 창 레이아웃과 사이드 메뉴가 있는 완전한 웹 애플리케이션을 만들 수 있습니다. 기본 페이지는 홈페이지이며 Posts 페이지는 블로그 게시물 제목과 본문을 <ion-card>에 표시합니다. 블로그 게시물은 앵귤러 서비스를 사용해 원격 샘플 API에서 로드됩니다. Posts 페이지는 비동기 파이프를 사용해 반응형으로 만들어집니다.

여기에 제공된 코드 스니펫들은 시작점일 뿐이며 요구 사항에 따라 수정하거나 확장해야 할 수 있습니다.

꽤 좋은 시작점이라고 봅니다. 다만 챗GPT도 놓친 것이 있습니다. 메뉴와 뒤로 가기 버튼을 따로 요청하지 않았더니 만들어주지 않았군요. 또한 Posts 페이지에 헤더 표시줄이 없고 메뉴에 아이콘도 없습니다.

사이드 메뉴에 관해 이야기하자면 <ion-split-pane>과 <ion-menu>에 대한 contentId 값이 전혀 주어지지 않았습니다. 지금 이대로라면 실행되지는 않을 겁니다.

바로 이런 면에서 코파일럿이 빛을 발합니다. 코파일럿은 종종 힌트나 조정이 필요하지만 대부분 정확한 코드를 만듭니다. 손쉽게 코드 한 줄 혹은 함수를 삭제하고 새 주석을 입력하면 필요한 코드를 금방 얻을 수 있죠.

챗GPT를 사용하면 응답을 개선하도록 요청할 수는 있지만 보통 처음부터 다시 생성하게 됩니다. 그뿐 아니라 요청한 것보다 더 많은 것을 변경해 완전히 다른 코드를 만들어내는 경우도 있죠. 이 장 예제에는 챗GPT가 크게 도움이 되지 않습니다. 챗GPT는 간단한 함수나 알고리즘을 작성하는 데 더 유용합니다. 아직 완전한 앱을 작성할 준비는 되지 않았죠.

11장 유닛 테스트

▶ 이미지 출처: 픽사베이 Gerd Altmann(geralt)

개발자인 우리는 소프트웨어의 품질과 안정성을 보장하는 데 유닛 테스트가 중요하다는 것을 잘 압니다. 하지만 효과적인 유닛 테스트를 만드는 데 필요한 시간과 노력, 테스트 과정의 복잡도, 포괄적인 커버리지를 보장하는 어려움 등도 잘 알고 있죠. 경험상 시간을 절약하려고 유닛 테스트를 건너뛴 적이 많았는데 그럴 때면 여지없이 버그와 오류가 생겨 후회만 하게 됐습니다.

이 장에서는 코파일럿과 챗GPT를 사용해 간단한 앵귤러 서비스를 위한 테스트 케이스를 생성해봅니다. 두 도구가 유닛 테스트 과정에 어떻게 도움이 되는지 알아봅시다.

11.1 대상 서비스

대상 서비스 자체는 아주 간단합니다. 앱에서 서비스를 호출할 때 사용할 수 있는 고유한 ID 두 개를 설정하고 검색하는 방법을 만들고자 합니다.

첫 번째 ID는 conversationId입니다. 이 값은 주어진 세션에서 특정 사용자의 모든 네트워크 호출에 대해 HTTP 헤더로 설정됩니다. 애플리케이션 사용자가 수동으로 화면을 새로고침 하거나, 브라우저를 닫거나, 로그아웃한 다음 다시 로그인하기 전까지는 값이 바뀌지 않습니다.

두 번째 ID는 correlationId입니다. 이 값도 HTTP 호출과 함께 전송되지만 요청마다 바뀝니다.

이어지는 절에서는 네트워크 호출 내용은 생략하고 두 ID를 생성하기 위한 서비스만 보겠습니다.

11.2 서비스 API

이 서비스가 구현하는 주요 요구 사항은 세 가지입니다.

1 요청할 때마다 conversationId를 반환합니다. 없다면 새로 생성해서 반환합니다.
2 요청할 때마다 새로운 correlationId를 반환합니다. 동일한 correlationId를 두 번 반환해서는 안 됩니다.
3 새로운 conversationId를 강제로 만드는 방법을 제공합니다.

conversationId와 correlationId 모두 UUID를 사용할 것입니다. 먼저 UUID라는 용어를 짚고 넘어가겠습니다. 챗GPT에게 UUID가 무엇인지 물어봅시다.

What is a UUID?

한글 UUID가 무엇인가요?

UUID(Universally Unique Identifier, 범용 고유 식별자)는 분산 시스템에서 정보를 고유하게 식별하는 데 사용하는 식별자의 한 종류입니다. UUID는 16진수의 시퀀스로 표현한 128비트 숫자입니다. 일반적으로 하이픈을 사용해 숫자 그룹을 나누어 표기합니다. UUID는 시공간적으로 고유하도록 고안됐습니다. 즉, UUID가 서로 다른 시스템에서 다른 시간에 생성되더라도 충돌하거나 중복되지 않아야 합니다. UUID는 데이터베이스에서는 키로, 저장 시스템에서는 파일이나 객체의 식별자로, 웹 애플리케이션에서는 세션 ID로 널리 사용됩니다. UUID를 사용하면 여러 시스템이 동일한 개체를 참조할 때 혼동이나 충돌이 발생하지 않으며 식별자를 추측하거나 조작하기 어렵게 만드는 보안 효과가 더해지는 이점이 있습니다.

간단히 말해 UUID는 다양한 시스템에서 HTTP 호출을 식별하고 연관 짓는 데 사용할 수 있는 완벽한 식별자입니다.

코드 자체는 짧고 직관적입니다. 전체 서비스는 다음과 같습니다.

```
import { Injectable } from '@angular/core';
import { v4 as uuidv4 } from 'uuid';

@Injectable({
  providedIn: 'root'
})
export class CorrelationService {
  conversationId: string = '';

  resetConversationId() {
```

```
        this.conversationId = uuidv4();

        return this.conversationId;
    }

    getConversationId() {
        return this.conversationId || this.resetConversationId();
    }

    getCorrelationId() {
        return uuidv4();
    }
}
```

코드에는 다음과 같이 세 가지 함수가 있습니다.

- resetConversationId: 새로운 UUID를 만들어 내부의 새로운 conversationId 변수에 할당한 다음 그 conversationId를 반환합니다.
- getConversationId: 내부에 conversationId가 존재하면 그것을 반환하고 그렇지 않다면 resetConversationID를 호출해 그 결과를 반환합니다.
- getCorrelationId: 호출될 때마다 새로운 UUID를 반환합니다.

앞서 말했듯 매우 간단한 서비스입니다.

11.3 테스트 프레임워크

앵귤러 CLI가 자동으로 생성하는 테스트 코드부터 살펴봅시다. 이 절에서는 테스트를 포괄적으로 소개하지 않고 기본만 설명합니다. 여러분의 테스트에서 따라 해보는 것으로 충분합니다.

기본적으로 앵귤러 CLI를 사용해 서비스를 만들 때 기본 테스트 파일도 생성됩니다. 필자의 경우에는 다음과 같은 내용이 생성되네요.

```
import { TestBed } from '@angular/core/testing';

import { CorrelationService } from './correlation.service';

describe('CorrelationService', () => {
  let service: CorrelationService;

  beforeEach(() => {
    TestBed.configureTestingModule({});
    service = TestBed.inject(CorrelationService);
  });

  it('should be created', () => {
    expect(service).toBeTruthy();
  });
});
```

첫 번째 import 줄은 TestBed라는 앵귤러 테스트 클래스를 가져옵니다. 이 클래스는 대부분의 기본 테스트 프레임워크를 포함합니다.

두 번째 import 줄은 테스트할 서비스, 즉 테스트 대상 시스템System Under Test(SUT)을 가져옵니다. 이 서비스는 service 변수에 할당됩니다.

describe

```
describe('CorrelationService', () => {
```

대부분의 자바스크립트 테스트 프레임워크에서 테스트는 하나 이상의 de-scribe 함수로 구성됩니다. 이 함수는 관련된 테스트를 캡슐화하고 내부 테스트를 관련 없는 다른 테스트와 격리합니다. 잠시 후 보겠지만 이 함수들은 중첩될 수 있습니다.

describe 함수는 매개변수 두 개를 사용해 호출합니다.

- **테스트 레이블:** 이 예제에서는 테스트할 서비스의 이름입니다.
- **테스트 자체를 담은 함수:** 이 예제에서는 화살표 함수입니다. 서비스를 나타내는 변수 하나가 있지만 아직 아무것도 할당되지 않았습니다.

beforeEach

```
beforeEach(() => {
  TestBed.configureTestingModule({});
  service = TestBed.inject(CorrelationService);
});
```

describe 함수 바로 안에는 또 다른 화살표 함수를 포함하는 beforeEach 함수가 있습니다. 이 함수는 각 유닛 테스트가 실행되기 전에 테스트 프레임워크에서 호출됩니다.

이 함수 안에서 TestBed.configureTestingModule({})이 호출되며 유일한 매개변수로 빈 객체가 전달됩니다. 이 객체는 테스트 모듈의 옵션을 포함하게 됩니다. 일반적인 앵귤러 모듈이 받을 수 있는 거의 모든 옵션을 가질 수 있습니다. 대부분의 테스트는 이 매개변수를 사용해 SUT에서 요구하는 테스트 더블을 주입하기 위해 앵귤러 의존성 주입 시스템을 설정합니다. 이 예제는 의존성을 가지지 않으므로 설정할 것이 없습니다.

기타 함수

예제에 표시되지 않았지만 설정/해제 명령을 포함하는 기타 함수는 다음과 같습니다.

- beforeAll: describe 안의 테스트를 실행하기 전에 한 번 호출됩니다. 이 매개변수는 일반적으로 모든 테스트에 필요한 상태^{state}를 설정하는 데 사용하며 이 상태는 모든 테스트에 공통됩니다.
- afterEach: describe 안에 있는 각 단위 테스트 함수가 호출된 다음에 호출됩니다. 각 테스트가 생성한 부수 효과를 없애기 위해 상태를 되돌리거나 초기화하는 데 사용합니다.
- afterAll: describe 안에 있는 모든 테스트가 실행된 후 한 번만 호출됩니다. 이 함수는 전역 상태를 초기화해 describe 함수의 효과가 다른 함수에 영향을 미치지 않도록 합니다.

it

```
it('should be created', () => {
  expect(service).toBeTruthy();
});
```

it 함수는 하나의 유닛 테스트를 정의합니다. describe 안에 it 함수를 원하는 만큼 만들 수 있습니다. 생성된 테스트마다 하나의 it 함수가 있습니다. 이 함수의 시그너처는 레이블과 테스트를 정의하는 함수를 받는다는 점에서 describe 시그니처와 같습니다.

it 함수를 바깥쪽 describe과 함께 사용하면 다음과 같습니다.

```
[describe Label] [it Label]: Pass/Fail
```

따라서 사전 생성된 테스트는 코드는 다음과 같습니다.

```
CorrelationService should be created: Pass
```

테스트를 직접 만들 때 이런 형태를 참고하는 것도 좋겠군요.

이 외에도 앵귤러 테스트에 관한 내용은 아주 많습니다. 이어지는 절에서 테스트를 살펴보기에 앞서 이 절에서 정리한 내용을 참조하기 바랍니다.

11.4 코파일럿 테스트

이제 코파일럿이 생성하는 테스트를 봅시다. 예제를 따라 하려면 테스트할 함수마다 describe를 하나씩 만듭니다. 물론 모든 테스트를 하나의 describe 안에 넣을 수도 있지만 하나씩 describe를 만드는 편이 코파일럿이 테스트를 적절히 작성하는 데 필요한 문맥을 제공합니다.

첫 번째 줄을 힌트로 입력하니 코파일럿이 테스트 함수를 생성합니다.

```
describe('resetConversationId', () => {
  it('should return conversationId', () => {
    service.resetConversationId();
    expect(service.getConversationId()).toBeTruthy();
  });
```

이 테스트는 getConversationId()를 호출하면 적절한 값, 즉 비어 있지 않은 값이 반환되는지 확인합니다.

```
  it('should return conversationId if it exists', () => {
    service.resetConversationId();
    const conversationId = service.conversationId;
    expect(service.getConversationId()).toEqual(conversationId);
  });
```

이 테스트는 getConversationId()를 두 번 호출해 두 값이 동일한지 확인합니다. 두 값이 다르다면 테스트는 실패합니다.

```
it('should return conversationId if it exists', () => {
  service.resetConversationId();
  const conversationId = service.conversationId;
  expect(service.getConversationId()).toEqual(conversationId);
});
});
```

오탈자 같아 보이지만 그렇지 않습니다. 똑같은 테스트가 두 개 만들어지는 것이죠. 이유는 모르겠지만 코파일럿을 사용하면 가끔 이런 경우가 있습니다. 조금 신경이 쓰이지만 목표는 직접 작성할 테스트 개수를 줄이는 것이니 이 정도 결과면 괜찮군요.

코파일럿은 이 함수를 적절히 확인하는 테스트를 생성해줍니다. 여기에 우리가 적용할 만한 간단한 리팩터링으로는 service.resetConversationId() 호출을 beforeEach 함수 안으로 옮겨서 각 테스트가 실행되기 전에 이 함수가 반드시 호출되도록 하는 것이 있습니다.

코파일럿이 만든 테스트들을 보니 resetConversationId에 대한 테스트를 따로 만들어야 할 것 같진 않지만 추가로 만들어 넣기도 어렵지는 않을 겁니다.

이제 getCorrelationId에 대한 테스트를 봅시다. 앞서 언급한 요구 사항에 따르면 호출될 때마다 항상 새로운 값을 반환해야 합니다. 이번에는 코파일럿에 테스트 코드의 시작 부분을 힌트로 주지 않고 주석 한 줄만 써준 뒤 나머지를 완성하게 합시다.

```
// Test getCorrelationId
한글 getCorrelationId 테스트하기

it('should return correlationId', () => {
  expect(service.getCorrelationId()).toBeTruthy();
});
```

함수를 하나 만들기는 하지만 거기서 끝이군요. 사실 큰 도움이 되는 테스트는 아니지만 통과는 됩니다. 앞서 나온 테스트와 마찬가지로 이 테스트도 함수가 적절한 값을 반환하는지 확인하는 것이 전부네요. 전혀 충분하지 않군요.

좀 더 자세한 주석 두 가지로 다시 시도해봅시다.

```
// Test getCorrelationId returns a different value each time
한글 getCorrelationId가 매번 다른 값을 반환하는지 테스트하기

it('should return correlationId', () => {
  const correlationId = service.getCorrelationId();
  expect(service.getCorrelationId()).not.toEqual(correlationId);
});
```

조금 낫군요. 이 테스트는 **getCorrelationId()**를 두 번 호출하면 다른 값이 반환되는지 확인합니다. 이 값을 100번 호출하면 어떻게 될까요?

```
// Test getCorrelationId returns a different value a bunch of times
한글 getCorrelationId가 여러 번 다른 값을 반환하는지 테스트하기

it('should return correlationId', () => {
  const correlationIds = [];
  for (let i = 0; i < 100; i++) {
    correlationIds.push(service.getCorrelationId());
  }
  expect(correlationIds.length).toEqual(100);
  expect(new Set(correlationIds).size).toEqual(100);
});
```

훨씬 낮군요. 이 테스트는 getCorrelationId()를 100번 호출하고 100개의 결과가 모두 다른지 확인합니다.

필자였다면 동일한 값이 없는지 확인하는 데 자바스크립트의 set 객체를 사용할 생각은 하지 못했을 겁니다. 영리하고 우아한 해결책이군요. set은 중복을 포함할 수 없으니까요. 100번 반복 후에 이 세트가 100개의 값을 가진다면 생성된 값은 모두 다릅니다.

예제에서 알 수 있듯 코파일럿은 주석을 상세하게 작성해줄 때 가장 잘 작동합니다.

11.5 챗GPT 테스트

챗GPT는 어떨까요? 이론적으로는 테스트 함수도 같은 수준으로 잘 작성할 겁니다. 결과가 어떤지 살펴봅시다.

적절한 코드를 얻으려면 적절한 프롬프트를 입력해야 합니다. 이 예제에서는 서비스의 코드 구현 전체를 제공하고서 재스민^{Jasmine}(또는 원한다면 제스트^{Jest})을 사용해 테스트를 작성하라고 요청하는 편이 좋습니다.

Given the following Angular service, write a complete suite of unit tests using Jasmine.

한글 다음의 앵귤러 서비스에 대해서, 재스민을 사용한 전체 유닛 테스트 스위트를 작성하세요.

(전체 클래스 코드를 여기에 붙입니다.)

요청에 따라 챗GPT가 만든 전체 테스트 스위트는 다음과 같습니다.

```javascript
import { CorrelationService } from './correlation.service';
import { v4 as uuidv4 } from 'uuid';

describe('CorrelationService', () => {
  let service: CorrelationService;

  beforeEach(() => {
    service = new CorrelationService();
  });

  it('should create the service', () => {
    expect(service).toBeTruthy();
  });

  describe('resetConversationId()', () => {
    it('should set conversationId to a UUID', () => {
      service.resetConversationId();
      expect(uuidv4.test(service.conversationId)).toBe(true);
    });

    it('should return the new conversationId', () => {
      const conversationId = service.resetConversationId();
      expect(service.conversationId).toEqual(conversationId);
    });
  });

  describe('getConversationId()', () => {
    it('should return conversationId if set', () => {
      service.conversationId = 'test-id';
      expect(service.getConversationId()).toEqual('test-id');
    });
```

```
      it('should call resetConversationId() and return conversa-
tionId if not set', () => {
        spyOn(service, 'resetConversationId')
          .and.returnValue('new-id');
        expect(service.getConversationId()).toEqual('new-id');
        expect(service.resetConversationId).toHaveBeenCalled();
      });
    });

    describe('getCorrelationId()', () => {
      it('should return a UUID', () => {
        const correlationId = service.getCorrelationId();
        expect(uuidv4.test(correlationId)).toBe(true);
      });

      it('should return a different UUID each time', () => {
        const correlationId1 = service.getCorrelationId();
        const correlationId2 = service.getCorrelationId();
        expect(correlationId1).not.toEqual(correlationId2);
      });
    });
  });
```

흥미롭게도 이 테스트들은 컴파일도 안 되는군요. 얼핏 보면 그럴싸하지만 이
중 두 테스트는 uuidv4 라이브러리에 테스트 함수가 있다고 가정하고 있습
니다.

```
expect(uuidv4.test(service.conversationId)).toBe(true);
```

적어도 필자가 사용하는 uuidv9 버전에는 테스트 함수가 없습니다.

문제의 두 테스트를 주석 처리하니 나머지는 통과되는군요.

이처럼 챗GPT를 사용하면 한꺼번에 대량의 코드가 만들어지므로 주의 깊게 보정하거나 있는 그대로 사용해야 합니다. 필자는 이 방법을 추천하지 않습니다. 한편 코파일럿을 사용하면 코드를 조금 손봐야 하긴 하지만 내용을 훨씬 세밀하게 제어할 수 있습니다.

11.6 HTTP 호출 테스트

간단한 서비스를 테스트하기는 어렵지 않습니다. 몇 번 해보면 패턴도 명백하고 꽤 단순하죠. 하지만 AI로부터 얻는 가치는 명백하고 단순하지만은 않은 작업을 위한 테스트를 작성할 때 더 큽니다. 예를 들면 HTTP 호출 테스트가 있습니다.

개념은 알지만 처음부터 올바른 문법으로 작성하기는 어려운 경우가 있습니다. 예를 들어 앵귤러의 `HttpClientTestingModule`을 반드시 임포트해서 사용해야 한다는 점은 알고 있죠. 다만 그 호출과 설정에 거쳐야 하는 순서가 있다 보니 정확하게 될 때까지 매번 시행착오를 거듭하게 됩니다.

여기에 AI 도구가 도움이 될까요? 챗GPT를 활용해 가상의 날씨 서비스를 위한 테스트를 작성해봅시다. 필자가 정의한 서비스의 구현은 다음과 같습니다.

```
export class WeatherService {
  http: HttpClient = inject(HttpClient);

  getWeather(zipcode: string) {
    return this.http.get(`weather.com/api/forecast/${zipcode}`);
```

```
    }
  }
```

챗GPT는 꽤 좋은 테스트 스위트를 만들어줍니다.

```
import { TestBed } from '@angular/core/testing';
import { HttpClientTestingModule, HttpTestingController } from
  '@angular/common/http/testing';
import { WeatherService } from './weather.service';

describe('WeatherService', () => {
  let service: WeatherService;
  let httpMock: HttpTestingController;

  beforeEach(() => {
    TestBed.configureTestingModule({
      imports: [HttpClientTestingModule],
      providers: [WeatherService]
    });

    service = TestBed.inject(WeatherService);
    httpMock = TestBed.inject(HttpTestingController);
  });

  afterEach(() => {
    httpMock.verify();
  });


  it('should be created', () => {
    expect(service).toBeTruthy();
  });
```

```
it('should return the weather for a given zipcode', () => {
  const mockResponse = {
    temperature: 68,
    description: 'Sunny'
  };

  const zipcode = '90210';

  service.getWeather(zipcode).subscribe(response => {
    expect(response).toEqual(mockResponse);
  });

  const request = httpMock.expectOne(
    `weather.com/api/forecast/${zipcode}`);

  expect(request.request.method).toBe('GET');

  request.flush(mockResponse);
});
});
```

쉬운 경로^{happy path}만 처리하는 스위트이긴 하지만 필요한 구조를 제공해주네요. 앞서 말했듯 앵귤러의 `HttpClient`는 테스트하기 까다롭습니다. 테스트 스위트를 수동으로 만들려고 하면 보통 처음에는 제대로 만들기 어렵죠. 필자는 왜인지 `afterEach`에 검증 함수를 넣는 것을 매번 잊어버립니다. 서비스가 필요한 HTTP 호출만을 만들었는지 확인해야 하는데도요. 또한 모의^{mock} 객체의 `expectOne`과 `flush` 함수를 만드는 순서도 잊어버리곤 합니다.

챗GPT로 테스트 스위트를 만들면 시간을 많이 절약할 수 있습니다. 구조가 갖춰지면 부족한 부분은 직접 채우거나, 혹은 코파일럿으로 채울 수도 있습니다.

11.7 정리

분명한 점은 모든 것이 일사천리에 장밋빛은 아니라는 겁니다. 이전에도 언급했듯 챗GPT는 2021년 중반 이후의 내용은 전혀 모릅니다. 이런 면에서는 코파일럿이 낫습니다. 거의 모든 깃허브 코드로 훈련되고 우리가 작성하는 코드까지도 볼 수 있기 때문이죠.

필자는 챗GPT와 코파일럿으로 이 장 시작 부분에 있는 `CorrelationService`와 함께 사용할 앵귤러 `HttpInterceptor`의 유닛 테스트 작성을 시도했습니다. 필자는 모든 HTTP 호출의 헤더에 `correlationId`와 `coversationId` 값을 추가하기 위해 인터셉터를 사용합니다.

챗GPT는 클래스 기반의 `HttpInterceptor`에 관해서는 알지만 얼마 전 앵귤러 15에 새로 추가된 새로운 함수형 `HttpInterceptorFn`에 관해서는 전혀 모르더군요(그런 것은 없다고 주장했습니다). 한편 코파일럿은 뭔가를 만들어내기는 했지만 전혀 사용할 수 없는 것들이었습니다. 책에 실을 가치도 없었죠.

앞으로 상황은 분명 좋아질 겁니다. 하지만 일단은, AI 도구가 발전하더라도 적절히 사용하기 위해서는 소프트웨어 개발자가 그 도구를 잘 이해해야 함을 기억하기 바랍니다. 도구는 도움이 될 수 있지만 우리는 그 한계를 항상 인식해야 합니다.

12장 다른 고려 사항들

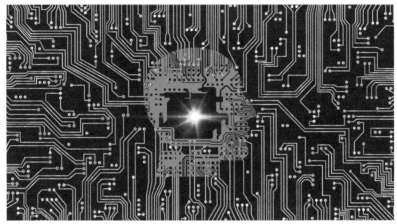

▶ 이미지 출처: 픽사베이 Vicki Hamilton(flutie8211)

지금까지 살펴본 것 외에도 필자가 소개하고 싶은 아이디어는 무궁무진합니다. 앞선 장들에서 다루지 못한 AI의 흥미로운 용도 몇 가지를 잠시 이야기해 봅시다.

12.1 새 코드 이해하기

챗GPT는 코드를 생성하는 작업 외에도 작성된 코드를 설명하는 데도 뛰어납니다. 예를 들어 레거시 코드가 있고 그것이 무엇을 하는지 혹은 정확히 어떻게 작동하는지 확실하지 않은 경우 챗GPT에 코드를 붙여넣고 설명을 요청할 수 있죠.

예를 들어볼까요? 한동안 들여다보지 않은 프로젝트에 오래된 아이오닉/앵귤러/파이어베이스 코드가 있군요. 챗GPT에 다음 코드가 무엇을 하는 코드인지 물어봅시다.

```
updateNames() {
  this.db
    .list('/hymns')
    .snapshotChanges()
    .pipe(
      first(),
      switchMap((list) => list)
    )
    .subscribe((hymn) => {
      hymn.payload.child('/arrangements').forEach((arrangement) => {
        const userNameNode = arrangement.child('/user/name');
        const names = userNameNode.val().split(' ');
        const maskedName = `${names[0]} ${names[names.length - 1][0]}.`;
        userNameNode.ref.set(maskedName);
        console.log(maskedName);
      });
      console.log('Done');
    });
}
```

이에 대한 챗GPT의 설명은 다음과 같습니다.

이 코드는 파이어베이스 실시간 데이터베이스의 /hymns 리스트에 있는 모든 hymn의 arrangements 자식 노드에 있는 각 사용자 노드의 name 속성을 업데이트합니다.

이 코드는 db 객체(앵귤러파이어2의 인스턴스일 수 있는)를 이용해, /hymns 리스트를 옵저버블로서 list() 메서드를 사용해 접근합니다. 그런 다음 옵저버블에 snapshotChanges()를 호출해 데이터베이스의 변경된 배열을 가져오고 first()를 사용해 첫 번째 변경 사항을 처리합니다.

그다음 `switchMap()`을 사용해 배열을 펼쳐서 개별 변경 사항이 들어 있는 옵저버블로 만들고 `subscription()`으로 구독합니다.

각 `hymn`의 `arrangement` 자식 노드를 `forEach()` 메서드를 사용해 순회합니다.

각 `arrangement`에 대해 사용자 자식 노드의 `name` 속성을 가져오고, `split()` 메서드를 사용해 `name`을 배열로 분할하고, 문자열 보간을 사용해 이름과 성의 첫 글자로 구성된 마스킹된 이름을 만듭니다. 그런 다음 `userNameNode.ref` 객체에서 `set()` 메서드를 사용해 마스킹된 이름을 `name` 속성의 새 값으로 설정합니다.

마지막으로, 마스킹된 이름을 콘솔에 로깅하고 이 과정을 각 `hymn`에 대해 반복합니다. 모든 `hymn`이 처리되면 콘솔에 `'Done'`을 로깅합니다.

챗GPT는 파이어베이스(앵귤러파이어2)와 RxJS의 사용을 올바르게 추론합니다.

이번에는 이름 마스킹의 중요성을 물어봅시다. 완벽한 답변입니다.

What do you believe the significance of the masked name might be?

한글 이름 마스킹의 중요성은 무엇이라고 생각합니까?

마스킹된 이름은 사용자 이름 전체라는 개인 정보를 보호할 수 있으므로 중요합니다.

이름을 마스킹하면 이름과 성의 첫 글자만 공개합니다. 이는 사용자 데이터를 익명화하거나 사용자의 신원을 보호하는 데 유용합니다. 애플리케이션이 작동하는 데 사용자의 전체 이름이 필요하지 않거나 민감한 정보를 다룰 경우 특히 중요합니다.

마스킹된 이름을 사용하면 사용자 데이터 표시의 일관성을 유지하는 데도 도움이 됩니다. 예를 들어 애플리케이션에서 사용자 목록 또는 사용자 생성 콘텐츠를 표시하는 경우, 이름을 마스킹하면 보다 균일하고 시각적으로 매력적으로 보입니다.

정리하면, 사용자의 개인 정보를 보호하고 사용자 데이터를 일관성 있게 표시하기 위해 마스킹된 이름을 사용하는 것이 일반적입니다.

간단하고 따라 하기 쉬운 예제를 살펴봤습니다. 이런 방식으로 익숙하지 않은 코드가 무엇을 왜 수행하는지 파악하는 데 챗GPT를 활용하면 유용합니다.

12.2　데이터에서 코드 생성하기

챗GPT는 또 다른 멋진 용도가 있습니다. 웹 (또는 유사한) 서비스 응답에서 얻은 데이터를 붙여넣고, 다른 데이터 형식 또는 심지어 해당 데이터의 형식을 나타내는 코드로 변환하도록 요청할 수 있습니다.

다음과 같은 샘플 데이터가 있다고 해봅시다.

```
{
  "contacts": [
    {
      "id": "1",
      "firstName": "John",
      "lastName": "Doe",
      "email": "johndoe@gmail.com",
      "address": {
        "street": "123 Main St.",
        "city": "Anytown",
        "state": "CA",
```

```
      "zip": "12345"
    },
    "phones": [
      {
        "type": "home",
        "number": "555-555-5555"
      },
      {
        "type": "work",
        "number": "555-555-5556"
      },
      {
        "type": "mobile",
        "number": "555-555-5557"
      }
    ]
  }
 ]
}
```

원하는 언어로 인터페이스나 클래스를 제공하도록 요청할 수 있습니다. 타입
스크립트 인터페이스를 요청하면 결과는 다음과 같습니다.

```
interface Contact {
  id: string;
  firstName: string;
  lastName: string;
  email: string;
  address: Address;
  phones: Phone[];
}


interface Address {
  street: string;
```

```
  city: string;
  state: string;
  zip: string;
}

interface Phone {
  type: string;
  number: string;
}
```

이번에는 자바스크립트나 타입스크립트가 아닌 파이썬 객체를 생성하도록 요청해봅시다.

```
class Contact:
    def __init__(self, id, first_name, last_name, email,
                 address, phones):
        self.id = id
        self.first_name = first_name
        self.last_name = last_name
        self.email = email
        self.address = address
        self.phones = phones

class Address:
    def __init__(self, street, city, state, zip_code):
        self.street = street
        self.city = city
        self.state = state
        self.zip_code = zip_code
```

```
class Phone:
    def __init__(self, type, number):
        self.type = type
        self.number = number
```

사실 필자가 파이썬을 모르기 때문에 정확성에 관해서는 추측밖에 할 수 없지만, 그럴듯하네요.

12.3 프로그래밍 언어 번역하기

챗GPT는 코드를 한 언어에서 다른 언어로 번역하는 데도 뛰어납니다. 예를 들어 만들고 있는 리액트 애플리케이션에서 앵귤러 서비스 코드 일부를 재사용하고 싶다고 가정합시다. 타입스크립트 클래스를 순수 자바스크립트로 변환하려 합니다.

다음처럼 챗GPT에 클래스를 함수형 자바스크립트로 번역해달라고 요청해봅시다. 참고로 `MersenneTwister`는 난수를 생성하는 알고리즘입니다.

Given the following Typescript class, provide me functional JavaScript I can use in its place.

한글 다음의 타입스크립트 클래스 대신 사용할 수 있도록 동작하는 기능적 자바스크립트를 만들어주세요.

```
export class ShuffleService {
  random: MersenneTwister = new MersenneTwister();
  seed(slug = 'xyz'): void {
```

```
    const hash = this.hashCode(slug);
    this.random.seed = hash;
  }


  hashCode(str: string): number {
    return Array.from(str)
      // eslint-disable-next-line no-bitwise
      .reduce((s, c) =>
        Math.imul(31, s) + c.charCodeAt(0) | 0, 0);
  }


  shuffle(array): any[] {
    return this.random.shuffle(array);
  }
}
```

챗GPT의 답변은 다음과 같습니다.

```
function ShuffleService() {
  const random = new MersenneTwister();

  function seed(slug = 'xyz') {
    const hash = hashCode(slug);
    random.seed = hash;
  }


  function hashCode(str) {
    return Array.from(str)
      .reduce((s, c) =>
        Math.imul(31, s) + c.charCodeAt(0) | 0, 0);
  }
```

```
  function shuffle(array) {
    return random.shuffle(array);
  }

  return {
    seed,
    shuffle,
  };
}
```

12.4 프레임워크 번역하기

챗GPT는 한 프레임워크에서 다른 프레임워크로 코드를 다시 작성하는 데도
도움이 됩니다. 이전 절 예제에 이어서 작은 아이오닉-앵귤러 컴포넌트를 아
이오닉-리액트 애플리케이션에서 재사용하려고 합니다. 해당 코드를 복사해
붙여넣기만하면 챗GPT는 새 프레임워크 코드를 줍니다.

원본 아이오닉-앵귤러 컴포넌트

```
<ion-card>
  <ion-card-content>
    <div class="symbols symbols-{{card?.length}}">
      <div class="symbol-wrapper"
        *ngFor="let cardSymbol of card">
        <div class="symbol"
          appRandomRotation>
          <div appThrottledClick
            [class]="cardSymbol"
            (throttledClick)="onSymbolClick(cardSymbol)"
            [throttleTime]="2000">
```

```
          {{cardSymbol}}</div>
       </div>
     </div>
   </div>
 </ion-card-content>
</ion-card>
```

챗GPT가 만든 아이오닉-리액트 컴포넌트

```
import { IonCard, IonCardContent } from '@ionic/react';
import RandomRotation from './RandomRotation';
import ThrottledClick from './ThrottledClick';

function CardComponent({ card, onSymbolClick }) {
  return (
    <IonCard>
      <IonCardContent>
        <div className={`symbols symbols-${card?.length}`}>
          {card.map((cardSymbol, index) => (
            <div key={index} className="symbol-wrapper">
              <div className="symbol" ref={RandomRotation}>
                <ThrottledClick throttleTime={2000} onClick={() =>
                  onSymbolClick(cardSymbol)}>
                  <div className={cardSymbol}>{cardSymbol}</div>
                </ThrottledClick>
              </div>
            </div>
          ))}
        </div>
      </IonCardContent>
    </IonCard>
  );
}
```

```
export default CardComponent;
```

이 코드에서는 @ionic/react에서 IonCard 및 IonCardContent 컴포넌트를 가져와 가장 바깥의 컴포넌트로 사용합니다. map 함수는 카드 배열을 순회해서 개별 기호를 렌더링하는 데 사용됩니다. *ngFor 대신 JSX의 map 함수를 사용해 카드 배열을 순회합니다.

RandomRotation 지시자의 경우 사용자 지정 React 컴포넌트를 만들고 기호 요소에 대한 ref로 연결해야 합니다. 마찬가지로 ThrottledClick 지시자의 경우 사용자 지정 React 컴포넌트를 만들고 throttleTime prop 및 onClick 핸들러를 props로 전달합니다.

마지막으로, 기본 내보내기로 CardComponent 컴포넌트를 내보냅니다.

챗GPT는 앵귤러 지시자를 추출할 필요성을 인식하고 별도로 생성해야 함을 알려줍니다. 다만 우리가 지시자 코드를 제공하지 않았으므로 자동으로 처리되지는 않습니다.

챗GPT가 만든 앵귤러 머티리얼 컴포넌트

한편 아이오닉을 전혀 사용하지 않으면서 앵귤러는 그대로 사용하고 앵귤러 머티리얼 컴포넌트를 사용하고 싶을 수도 있습니다.

```
<mat-card>
  <mat-card-content>
    <div [ngClass]="'symbols symbols-' + (card?.length ¦¦ 0)">
      <div class="symbol-wrapper" *ngFor="let cardSymbol of card">
        <div class="symbol" appRandomRotation>
          <button mat-button appThrottledClick
            [ngClass]="cardSymbol"
            [throttleTime]="2000"
```

```
                    (throttledClick)="onSymbolClick(cardSymbol)">
                    {{cardSymbol}}
                </button>
            </div>
        </div>
    </div>
  </mat-card-content>
</mat-card>
```

챗GPT는 앵귤러 지시자를 있는 그대로 계속 사용할 수 있음을 올바르게 인식합니다.

이처럼 챗GPT로 다양한 프레임워크를 실험하고, 심지어 배울 수도 있습니다. 정말 강력한 기능이죠.

12.5 릴리스 정보 생성하기

챗GPT는 소프트웨어 릴리스 정보를 생성하는 데 도움이 됩니다. 이를 테스트할 때 처음에는 코드 변경 내역에 관한 diff를 제공해봤는데 챗GPT는 긴 텍스트로는 잘 되지 않더군요. 대신 깃 커밋 메시지를 사용하기로 했습니다. 다음은 필자의 실제 프로젝트로 진행한 예제입니다.

```
Add photo (#23)
    * Added capacitor and capacitor storage
    * Converted student service to promises?
    * Fixed DeleteStudent, but not perfectly
    * Removed RxJS from storage service
```

* Student CRUD working
* Added some more functionality
* Refactored some of the storage code
* Added New Student functionality
* Added camera feature
* Standardize state management within the student service (#22)
* refactor: add explicit modifiers to service signatures
* refactor: simplify syntax in student service
* fix: initialize service with stored data
* refactor: move state changes into student service
* refactor: use routerLinkActive to determine link state
* chore: format all files with prettier
* chore: prefer single quote for strings
* Added camera feature
* Made some minor tweeks for the workshop
* Minor tweaks for conference

한글 사진 추가하기 (#23)

* 캐패시터 및 캐패시터 저장 기능을 추가했습니다.
* 학생 서비스를 프로미스로 변환?
* DeleteStudent 기능을 수정했으나 완벽하게 고치지는 못했습니다.
* 저장 서비스에서 RxJS를 제거했습니다.
* 학생 CRUD 작동 중
* 기타 기능을 추가했습니다.
* 저장 코드 일부를 리팩터링했습니다.
* 신규 학생 기능을 추가했습니다.
* 카메라 기능을 추가했습니다.
* 학생 서비스 내에서 상태 관리를 표준화합니다. (#22)
* 리팩터링: 서비스 시그니처에 명시적인 수정자를 추가합니다.
* 리팩터링: 학생 서비스에서 구문을 단순화합니다.
* 수정: 저장된 데이터로 서비스를 초기화합니다.
* 리팩터링: 상태 변경을 학생 서비스로 이동합니다.
* 리팩터링: 링크 상태를 결정하기 위해 routerLinkActive를 사용합니다.
* 기타: 작업 파일을 prettier로 포맷합니다.
* 기타: 문자열에는 작은따옴표를 선호합니다.
* 카메라 기능을 추가했습니다.
* 워크숍을 위해 작은 수정을 했습니다.
* 콘퍼런스를 위해 작은 수정을 했습니다.

챗GPT에 이 목록을 릴리스 정보로 그룹화하고 우선순위를 매겨달라고 요청합니다.

Given the following string of commit messages for a pull request, generate some release notes, grouped by common themes and sorted by perceived importance.

한글 풀 리퀘스트에 대한 다음 커밋 메시지들을 사용해, 공통 테마별로 그룹화되고 파악된 중요도에 따라 정렬된 몇 가지 릴리스 정보를 생성합니다.

(커밋 메시지를 여기에 붙입니다.)

릴리스 정보

기능

- 카메라 기능을 추가했습니다.(#23)
- 신규 학생 기능을 추가했습니다.
- 캐패시터 및 캐패시터 저장 기능을 추가했습니다.
- 기타 기능을 추가했습니다.

수정 사항

- `DeleteStudent` 기능을 수정했으나 완벽하게 고치지는 못했습니다.
- 저장 서비스에서 RxJS를 제거했습니다.

개선 사항

- 학생 서비스 내에서 상태 관리를 표준화했습니다. (#22)
- 저장 코드 일부를 리팩터링했습니다.
- 학생 서비스를 프로미스를 사용하도록 리팩터링했습니다.
- 학생 서비스를 구문을 단순화하도록 리팩터링했습니다.
- 학생 서비스의 서비스 시그니처에 명시적인 수정자를 추가하도록 리팩터링했습니다.
- 상태 변경을 학생 서비스 내로 이동하도록 코드를 리팩터링했습니다.
- 링크 상태를 결정하기 위해 `routerLinkActive`를 사용하도록 코드를 리팩터링했습니다.

- 저장된 데이터로 서비스를 초기화했습니다.

기타

- 워크숍을 위해 작은 수정을 했습니다.
- 콘퍼런스를 위해 작은 수정을 했습니다.
- 모든 파일을 **prettier**로 포맷했습니다.
- 문자열에는 작은따옴표를 선호합니다.

참고: 커밋 메시지 "카메라 기능 추가"는 원본 목록에서 두 번 나타나므로 릴리스 정보에는 한 번만 포함됐습니다.

완벽하지는 않지만 훌륭한 출발점이군요.

12.6 함수 도큐먼테이션 생성하기

VS코드 확장 기능인 'Mintlify Doc Writer'는 AI를 사용해 함수 도큐먼테이션을 생성합니다. 파이썬, 자바스크립트, 타입스크립트, C++, PHP, 자바, C#, 루비 등 여러 언어를 이해하죠. VS코드 마켓플레이스[1]에서 설치할 수 있습니다.

확장 기능 설치 후 함수나 코드 블록을 선택하고 맥에서는 (Ctrl)＋(.) 또는 (Cmd)＋(.)를 누릅니다. 그러면 사용하고 있는 언어에 적합한 주석 블록이 코드 위에 생성됩니다.

다음은 필자의 프로젝트에 있는 함수에 대해 생성된 JSDoc 주석입니다. 편집기에서 함수 전체를 하이라이트하고 (Ctrl)＋(.)를 누르면 마법이 일어납니다.

---

1   https://marketplace.visualstudio.com/items?itemName=mintlify.document

```
/**
 * 카드 개수와 슬러그를 받아서 덱을 반환
 * @param {number} numberOfCards - number - 덱에 있는 카드 개수
 * @param [slug] - 임의의 수 생성기의 시드로 사용될 문자열. 같은 덱을 다시 생
성하려는 경우에 유용
 * @returns 카드 덱
 */
buildDeck(numberOfCards: number, slug = ''): Deck {
  this.shuffleService.seed(slug);
  this.shuffledSymbols = this.shuffleService.shuffle(SYMBOLS);

  const rawCards = this.dobbleService.dobble(numberOfCards);

  const deck = rawCards.map(card =>
    this.buildCard(card));

  return this.shuffleService.shuffle(deck);
}
```

코드의 의미를 이해하고 기본 주석을 무난하게 제공하네요. 민틀리파이^{Mintlify}
와 코파일럿을 결합하면 도큐먼테이션을 더욱 구체화할 수 있어 정말 유용합
니다.

같은 문서에서 ⟨Enter⟩ 키를 눌러 코파일럿에 살을 붙여봅시다. 다음과 같은
JSDoc 주석이 만들어집니다.

```
/**
 * 카드 개수와 슬러그를 받아서 카드 덱을 반환
 * 슬러그는 무작위 수 생성기의 시드로 사용되므로 매번 같은 덱이 생성됨
 * 슬러그를 제공하지 않으면 매번 다른 덱이 무작위로 생성됨
 * @example
 * const deck = deckService.buildDeck(5, 'my-slug');
 * // 항상 같은 덱이 생성됨
 * @example
 * const deck = deckService.buildDeck(5);
 * // 매번 다른 덱이 생성됨
```

```
*
* @param {number} numberOfCards - number - 생성하고 싶은 카드 개수
* @param [slug] - 무작위 수 생성기의 시드로 사용될 문자열
* @returns 카드 덱
*/
```

더 해볼 수도 있지만 이 정도면 충분히 상세하군요.

12.7 코디움

이 책을 집필하던 중 새로운 도구를 사용해보라는 초대를 받았습니다. 코파일 럿과 유사한 코디움^{Codeium}이라는 도구였습니다. 코디움은 현재 코파일럿보다 훨씬 더 많은 IDE에서 사용할 수 있으며 무엇보다 개인 사용자에게 무료라는 점이 매력적입니다. https://codeium.com에서 설치할 수 있습니다.

코디움은 AI가 소프트웨어 개발의 다양한 '모드'의 속도를 높일 수 있다고 보 고, 모드마다 여러 제품을 설치하는 대신 모드 사이를 원활하게 연결하는 단일 제품을 구축하고 있습니다. 가장 최근에 발표한 기능은 자동 완성 기능을 보완 하는 자연어 기반 전체 저장소 코드 검색입니다.

시도해볼 가치가 충분한 견고한 도구인 것 같습니다. 기대가 되네요.

13장 소프트웨어 개발의 미래

▶ 이미지 출처: 픽사베이(NoName_13)

소프트웨어 개발의 종말이 온 것일까요? 개발자들이 패닉에 빠질 때일까요? 다들 노트북을 닫고 지금부터 주식 거래를 배워야 할까요? 필자는 전혀 그렇게 생각하지 않습니다. 분명히 변화는 있겠지만 경험상 이러한 종류의 변화는 보통 긍정적입니다.

AI 도구와 기술은 소프트웨어 개발 분야에 상당한 영향을 미치고 있습니다. 하지만 가까운 미래에 소프트웨어 개발자를 완전히 대체할 것이라고는 생각하지 않습니다.

AI는 코드 생성, 테스트, 디버깅과 같은 일부 작업을 분명히 자동화할 수 있습니다. 9장에서 봤듯이 디자인 과정에도 도움이 되죠. 결국 AI 도구는 개발자가 코드를 분석하고, 버그를 예측하고, 개선을 위한 권장 사항을 찾는 데 도움이 됩니다.

하지만 소프트웨어 개발은 단순히 코드를 작성하는 것 이상의 복잡하고 창의적인 과정입니다. 도메인 지식, 문제 해결 기술 및 사용자의 요구 사항에 대한 이해가 필요합니다. 코드 작성 외에 테스트, 배포, 유지 관리 및 업데이트 또한 수행해야 합니다. AI가 그 일부에는 확실히 유용할 수 있지만 사람의 지능과 창의성을 대체할 수는 없습니다.

실제로는 AI가 소프트웨어 개발 작업에 널리 보급됨에 따라 새로운 기회와 성장 영역을 창출할 가능성이 높습니다. 개발자는 AI 도구의 활용법과 한계를 이해하고 도구를 효과적으로 사용해 자신의 기술과 생산성을 향상해야 합니다. AI 도구를 활용해 기술을 보완하고 보강해 작업을 보다 효율적이고 효과적으로 수행할 수 있습니다.

13.1 걱정해야 할까요?

이제 막 개발 일을 시작한 주니어 개발자와 지망생이 AI에 일자리를 뺏길까 봐 걱정해야 할까요? 다시 한번 강조하지만 필자의 답은 '아니요'입니다.

AI는 소프트웨어 개발을 위한 전동 공구와 같습니다. 전동 공구가 목수의 작업을 더 쉽고 효율적으로 하기 위해 설계된 것과 마찬가지죠. 목수가 더 빠르고 정확하며 안전하게 작업할 수 있는 것처럼 AI 도구는 개발자에게 유사한 이점을 제공합니다.

전동 공구가 숙련된 목수를 대체할 수 없듯 AI 도구도 숙련된 개발자의 필요성을 대체할 수 없습니다. 목수와 개발자 모두 기본 원칙, 모범 사례, 기술을 포함해 자신의 분야에 관한 깊은 이해가 필요합니다. 또한 직면한 문제에 대한 새롭고 혁신적인 솔루션을 찾기 위해 문제 해결 기술과 창의성을 갖춰야 합니다.

또한 전동 공구가 제대로 작동하려면 유지 관리와 보수가 필요하듯 AI 도구도 관련성과 효율성을 유지하려면 지속적인 개발과 개선이 필요합니다. 개발자는 AI 기술의 발전에 관한 최신 정보를 얻고, 효과적인 도구 사용법을 배우고, 필요에 따라 기술을 조정해야 합니다.

소프트웨어 개발 분야에서 의미 있는 커리어를 쌓으려면 적절한 자세와 사고방식을 갖추고 학습을 이어나가야 합니다. 나중에는 지금 이 시기를 흥미진진했던 성장과 기회의 시절로 기억하게 될 겁니다. '전에는 이런 도구 없이 어떻게 일했을까'라고 생각하겠죠.

이제 멋진 것을 만들어보기 바랍니다!

GPT-4 답변 비교하기

이 책의 본문에서 살펴본 챗GPT의 답변은 GPT-3.5를 기반으로 합니다. 2023년 8월 기준으로 오픈AI는 유료 서비스인 챗GPT 플러스 사용자에게 GPT-4를 지원합니다.

다음은 본문에서 사용한 챗GPT 프롬프트를 GPT-4에 그대로 입력해 새롭게 얻은 답변입니다. 본문의 답변과 대조하면서 두 모델의 성능을 비교해 보기 바랍니다.

2장

Check for a directory and print a message if it doesn't exist.

한글 디렉터리를 확인해서 존재하지 않으면 메시지를 출력하세요.

```
dir_name="example_directory"

if [ ! -d "$dir_name" ]; then
    echo "디렉터리 $dir_name은 존재하지 않습니다"
fi
```

Find all PDF files in my home directory and print the path to each one.

한글 나의 홈 디렉터리에 있는 PDF 파일을 모두 찾아 각각의 경로를 출력하세요.

```
find ~ -type f -name "*.pdf"
```

Find all PDF files below my home folder and write the results to a file called pdfs.txt in the background.

한글 나의 홈 폴더 아래에서 PDF 파일을 모두 찾아 그 결과를 백그라운드 작업으로 pdfs.txt 파일에 씁니다.

```
find ~ -type f -name "*.pdf" > pdfs.txt &
```

Count the number of PDF files in my home folder in the background and print the result.

한글 나의 홈 폴더에 있는 PDF 파일의 개수를 백그라운드 작업으로 세어 출력합니다.

```
find ~ -type f -name "*.pdf" | wc -l &
```

Create a new user account on macOS.

한글 맥OS에서 새로운 사용자 계정을 만듭니다.

```
sudo sysadminctl -addUser newuser -fullName "New User" \
   -password "password"
```

Make user `'michael'` a local administrator.

한글 사용자 'michael'을 로컬 관리자로 만듭니다.

```
sudo dseditgroup -o edit -a michael -t user admin
```

Sync my home folder to a remote server.

한글 나의 홈 폴더를 원격 서버에 동기화합니다.

```
rsync -azP ~/ user@remote.server.com:/path/to/destination
```

Securely Copy from Server to Local folder.

한글 서버에서 로컬 폴더로 안전하게 복사합니다.

```
scp user@remote.server.com:/path/to/source \
  /path/to/local/destination
```

Archive the src directory using tar and gzip.

한글 tar와 gzip을 사용해 src 디렉터리를 압축합니다.

```
tar -czvf src.tar.gz src
```

Create and copy a new ssh key for github to the clipboard.

한글 새로운 깃허브용 ssh 키를 만들어 클립보드에 복사합니다.

```
ssh-keygen -t ed25519 -C "your_email@example.com"
cat ~/.ssh/id_ed25519.pub ¦ pbcopy
```

Convert all jpg files in the current directory to png files.

한글 현재 디렉터리에 있는 jpg 파일을 모두 png 파일로 변환합니다.

```
mogrify -format png *.jpg
```

How do I install ImageMagick?

한글 이미지매직은 어떻게 설치하나요?

- 맥OS에서:

    ```
    brew install imagemagick
    ```

- 우분투/데비안에서:

    ```
    sudo apt-get install imagemagick
    ```

- 센트OS/RHEL에서:

    ```
    sudo yum install ImageMagick
    ```

Extract audio from all the mp4 files in the folder.

한글 폴더에 있는 모든 mp4 파일에서 오디오를 추출합니다.

```
for f in *.mp4; do
  ffmpeg -i "$f" -vn -acodec copy "${f%.*}.m4a"
done
```

What is avconvert?

한글 avconvert가 무엇인가요?

avconvert는 미디어 변환을 수행하는 맥OS용 명령줄 도구입니다. iOS와 맥OS에서의 시청각 미디어 작업을 위한 오브젝티브-C 프레임워크인 AV Foundation 프레임워크의 일부입니다. avconvert를 사용해 다양한 형식 간에 미디어 파일을 트랜스코딩하고, 속성을 변경하고, 필터를 적용할 수 있습니다.

What is the difference between avconv and avconvert?

한글 avconv와 avconvert의 차이점은 무엇인가요?

avconv는 멀티미디어 파일을 변환하기 위한 명령줄 도구이며 Libav 프로젝트의 일부입니다. 반면 avconvert는 AV Foundation 프레임워크의 일부인 미디어 변환을 위한 맥OS 전용 명령줄 도구입니다. 두 도구 모두 다양한 형식 간에 미디어 파일을 트랜스코딩하는 데 사용할 수 있지만 avconvert는 맥OS용으로 특별히 설계됐으며 기본 AV Foundation 프레임워크의 일부인 반면 avconv는 여러 플랫폼에서 사용할 수 있는 보다 일반적인 도구입니다.

4장

What's an IIFE in Javascript, why would I need one, and how would I create one?

한글 자바스크립트에서 IIFE는 무엇이고, 왜 필요하며, 어떻게 만드나요?

IIFE(Immediately Invoked Function Expression)는 선언 직후에 정의되고 실행되는 자바스크립트 함수입니다. 전역 네임스페이스를 오염시키지 않고 변수와 함수를 캡슐화하기 위해 프라이빗 스코프를 만드는 일반적인 기술입니다.

프라이빗 스코프를 만들거나, 다른 스크립트 및 라이브러리와의 충돌을 피하거나, 변수 및 함수의 가시성을 제어하기 위해 IIFE가 필요할 수 있습니다.

자바스크립트에서 IIFE를 만드는 방법은 다음과 같습니다.

```javascript
(function () {
    // 여기에 코드를 입력하세요
    var privateVar = "I am private";
    console.log("IIFE executed");
})();
```

What would be the equivalent of that code if we were to use classes in TypeScript instead?

한글 타입스크립트 클래스를 사용한다면 이 코드에 해당하는 것은 무엇인가요?

```typescript
class MyClass {
  private privateVar: string;
  constructor() {
```

```
      this.privateVar = "I am private";

      console.log("Class constructor executed");

   }

}

const instance = new MyClass();
```

Given an array that looks like the following array, find all puzzles of size 4 or 8.

한글 다음 배열과 비슷한 배열이 주어지면 크기가 4 또는 8인 퍼즐을 모두 찾습니다.

(퍼즐 배열을 여기에 붙입니다.)

```
const puzzles = [
   { id: 1, size: 4, name: "Puzzle 1" },
   { id: 2, size: 8, name: "Puzzle 2" },
   { id: 3, size: 16, name: "Puzzle 3" },
   // ...
];
const filteredPuzzles = puzzles.filter(
   (puzzle) => puzzle.size === 4 || puzzle.size === 8
);
```

Generate a set of strongly typed TypeScript functions to treat the array like a stack or queue.

한글 배열을 스택이나 큐처럼 취급하는 강력한 타이핑이 적용된 타입스크립트 함수를 생성합니다.

```typescript
type Puzzle = { id: number; size: number; name: string };
class PuzzleQueue {
  private queue: Puzzle[];
  constructor() {
    this.queue = [];
  }
  enqueue(puzzle: Puzzle): void {
    this.queue.push(puzzle);
  }
  dequeue(): Puzzle | undefined {
    return this.queue.shift();
  }
  size(): number {
    return this.queue.length;
  }
  isEmpty(): boolean {
    return this.queue.length === 0;
  }
}
class PuzzleStack {
  private stack: Puzzle[];
  constructor() {
    this.stack = [];
  }
  push(puzzle: Puzzle): void {
    this.stack.push(puzzle);
  }
  pop(): Puzzle | undefined {
    return this.stack.pop();
  }
  size(): number {
    return this.stack.length;
  }
}
```

```
  isEmpty(): boolean {
    return this.stack.length === 0;
  }
}
```

I have an array in TypeScript with the following shape.

```
(Paste the JSON from pages 83 to 84 here.)
```

I want to convert it from an array to a hash array so that can address each object by its "id".

한글 타입스크립트로 다음과 같은 형태의 배열을 만들었습니다.

```
(83~84쪽의 JSON을 여기에 붙입니다.)
```

"id"로 각 객체를 참조할 수 있도록 배열을 해시 배열로 변환하고 싶습니다.

```
const puzzleArray: Puzzle[] = [
  { id: 1, size: 4, name: "Puzzle 1" },
  { id: 2, size: 8, name: "Puzzle 2" },
  { id: 3, size: 16, name: "Puzzle 3" },
  // ...
];
const puzzleHash: { [id: number]: Puzzle } = puzzleArray.reduce(
  (hash, puzzle) => {
    hash[puzzle.id] = puzzle;
    return hash;
  },
  {}
);
// ID를 사용해 퍼즐에 접근
const puzzle = puzzleHash[1];
```

Create a function in JavaScript that will output the puzzles array as an HTML table.

한글 자바스크립트로 퍼즐 배열을 HTML 테이블로 출력하는 함수를 만듭니다.

```javascript
function createPuzzleTable(puzzles) {
  const table = document.createElement("table");
  const thead = document.createElement("thead");
  const tbody = document.createElement("tbody");
  const headerRow = document.createElement("tr");
  ["ID", "Size", "Name"].forEach((headerText) => {
    const th = document.createElement("th");
    th.textContent = headerText;
    headerRow.appendChild(th);
  });
  thead.appendChild(headerRow);
  table.appendChild(thead);
  puzzles.forEach((puzzle) => {
    const row = document.createElement("tr");
    const idCell = document.createElement("td");
    const sizeCell = document.createElement("td");
    const nameCell = document.createElement("td");
    idCell.textContent = puzzle.id;
    sizeCell.textContent = puzzle.size;
    nameCell.textContent = puzzle.name;
    row.appendChild(idCell);
    row.appendChild(sizeCell);
    row.appendChild(nameCell);
    tbody.appendChild(row);
  });
  table.appendChild(tbody);
  return table;
}
```

```
const puzzles = [
  { id: 1, size: 4, name: "Puzzle 1" },
  { id: 2, size: 8, name: "Puzzle 2" },
  { id: 3, size: 16, name: "Puzzle 3" },
  // ...
];
const puzzleTable = createPuzzleTable(puzzles);
document.body.appendChild(puzzleTable);
```

5장

What does the following code block do?

한글 다음 코드 블록은 어떤 일을 하나요?

```
const firstSolution$ = puzzles$.pipe(
  filter(puzzle => puzzle.size === 4),
  map(puzzle => puzzle.solution[0])
);
```

이 코드 블록은 firstSolution$라는 RxJS 옵저버블을 정의합니다. 이것은 puzzles(puzzles$)라는 옵저버블을 받아 두 연산 filter, map을 적용합니다. filter 연산자는 입력 스트림에서 크기가 4인 퍼즐만을 걸러냅니다. 그런 다음 map 연산이 필터링된 퍼즐을 첫 번째 솔루션(puzzle.solution[0])으로 변환합니다. 결과로 만들어진 firstSolution$ 옵저버블은 크기가 4인 퍼즐 각각의 첫 번째 솔루션을 내보냅니다.

6장

Build me a complete angular service that fetches some sample data (perhaps blog posts) from a remote web service. Be sure to log any errors encountered. Then create a web page implemented as an angular component, which displays the blog post titles from the service in an unordered list. Prefer to use the angular async pipe in the template rather than subscribing to the observable.

한글 원격 웹 서비스에서 샘플 데이터(아마도 블로그 게시물)를 가져오는 완전한 앵귤러 서비스를 만들어주세요. 발생한 오류를 모두 로깅해야 합니다. 그런 다음 앵귤러 컴포넌트로 구현된 웹 페이지를 만들어 서비스의 블로그 게시물 제목을 정렬되지 않은 리스트로 표시합니다. 옵저버블을 구독하는 것보다 템플릿에서 비동기 파이프를 사용하는 것을 선호합니다.

1. 먼저 새로운 앵귤러 CLI를 사용해 앵귤러 서비스와 새로운 컴포넌트를 생성합니다.

```
ng generate service blog ng generate component blog-list
```

2. `blog.service.ts`를 수정합니다.

```typescript
import { Injectable } from "@angular/core";
import { HttpClient } from "@angular/common/http";
import { catchError } from "rxjs/operators";
import { throwError, Observable } from "rxjs";
export interface BlogPost {
  id: number;
  title: string;
  body: string;
}
@Injectable({ providedIn: "root" })
export class BlogService {
```

```
    private apiUrl =
      "https://jsonplaceholder.typicode.com/posts";
    constructor(private http: HttpClient) {}
    getBlogPosts(): Observable<BlogPost[]> {
      return this.http.get<BlogPost[]>(this.apiUrl).pipe(
        catchError((error) => {
          console.error("Error fetching blog posts:", error);
          return throwError(error);
        })
      );
    }
  }
```

3. blog-list.component.ts를 수정합니다.

```
import { Component, OnInit } from "@angular/core";
import { BlogService, BlogPost } from "../blog.service";
import { Observable } from "rxjs";
@Component({
  selector: "app-blog-list",
  templateUrl: "./blog-list.component.html",
  styleUrls: ["./blog-list.component.css"],
})
export class BlogListComponent implements OnInit {
  blogPosts$: Observable<BlogPost[]>;
  constructor(private blogService: BlogService) {}
  ngOnInit(): void {
    this.blogPosts$ = this.blogService.getBlogPosts();
  }
}
```

4. blog-list.component.html을 수정합니다.

```
<ul>
  <li *ngFor="let post of blogPosts$ | async">{{ post.title</li>
</ul>
```

5. 마지막으로 블로그 게시물 제목을 출력하기 위해 부모 컴포넌트나 `app.component.html`에 `BlogListComponent` 컴포넌트를 포함시킵니다.

```
<app-blog-list></app-blog-list>
```

7장

Give me a regular expression to validate an email address.

한글 이메일 주소의 유효성을 검사하는 정규 표현식을 알려주세요.

```
/^[\w-]+(\.[\w-]+)*@([\w-]+\.)+[a-zA-Z]{2,7}$/
```

Give me a regex that can validate any phone number, us or international, liberally accepting common punctuation.

한글 미국과 국제 전화번호를 포함한 모든 전화번호를 검증하며 흔히 사용되는 마침표도 자유롭게 포함할 수 있는 정규 표현식을 만들어주세요.

```
/^\+?(\d[\s-.]?){6,}\d$/
```

Give me a regex to find all URLs from img and a tags in the text of an HTML page.

한글 HTML 페이지의 텍스트에서 `img` 및 `tags`에 있는 URL을 모두 찾는 정규 표현식을 만들어주세요.

```
/(?<=<img[^>]*\ssrc=['"]?)(https?:\/\/\S+?)(?=['"
>])|(?<=<a[^>]*\shref=['"]?)(https?:\/\/\S+?)(?=['" >])/g
```

Give me a regex matching URLs found in an arbitrary document of text, which may or may not be HTML.

한글 HTML일 수도 있고 아닐 수도 있는 임의의 텍스트 문서에서 URL들을 매칭하는 정규 표현식을 만들어주세요.

```
/https?:\/\/(?:[a-zA-Z0-9$-_@.&+]|[!*'(,),]|(?:%[0-9a-fA-F]
[0-9a-fA-F]))+/g
```

Give me a regex to validate password complexity with the following rules: Passwords much contain at least one number, one lowercase and one uppercase letter, one symbol, and be 8 characters or longer.

한글 다음 규칙에 따라 패스워드 복잡도를 검증하는 정규 표현식을 만들어주세요. 패스워드는 적어도 하나의 숫자, 하나의 소문자, 하나의 대문자 및 하나의 특수문자를 포함해야 하고 8자 이상이어야 합니다.

```
/^(?=.*\d)(?=.*[a-z])(?=.*[A-Z])(?=.*[!@#$%^&*])(?=.{8,})/
```

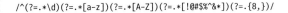

Give me a regex that will validate that the input is a US currency.

한글 입력이 미국 통화인지 확인하는 정규 표현식을 만들어주세요.

```
/^\$?(\d{1,3}(,\d{3})*|(\d+))(\.\d{2})?$/
```

Given a potential list of different ways to write US currency, write a regular expression that will match all of these: $1.22 $.25 0.79 1.49 $0.00 $0.43 $1,230,847,369.99

한글 미국 통화를 쓰는 다양한 방법의 리스트를 받아서 다음 모두와 일치하는 정규 표현식을 작성하세요.

$1.22 $.25 0.79 1.49 $0.00 $0.43 $1,230,847,369.99

```
/^(\$?(\d{1,3}(,\d{3})*|(\d+))(\.\d{2})?|\.\d{2})$/
```

Write a regex that will validate the input is a valid SSN.

한글 입력이 유효한 SSN인지 확인하는 정규 표현식을 작성하세요.

```
/^\d{3}-?\d{2}-?\d{4}$/
```

Implement a function to validate a credit card number using the Lunh Algorithm.

한글 룬 알고리즘을 사용해 신용카드 번호의 유효성을 검사하는 함수를 구현하세요.

```
function isValidCreditCard(number) {
  const numArr = number
    .split("")
    .reverse()
    .map((digit) => parseInt(digit, 10));
  const sum = numArr.reduce((acc, digit, index) => {
    if (index % 2 !== 0) {
      digit *= 2;
      if (digit > 9) {
        digit -= 9;
      }
    }
    return acc + digit;
  }, 0);
  return sum % 10 === 0;
}
```

Write a regex to recognize all HTML tags in the input text.

한글 입력 텍스트에 있는 HTML 태그를 모두 인식하는 정규 표현식을 작성하세요.

```
/\<[^>]*\>/g
```

8장

Give me a list of schools in the USA as a JavaScript array.

한글 자바스크립트 배열로 미국 대학교 리스트를 주세요.

AI 언어 모델로서 저는 종합적이고 최신인 미국 대학교 리스트를 제공할 수 없습니다. 하지만 해당 정보는 국립 통계 교육 센터National Center for Education Statistics(NCES)(https://nces.ed.gov/)와 같은 다양한 공개 소스에서 얻을 수 있습니다.

Generate a list of random customer names and addresses.

한글 임의의 고객 이름 및 주소 리스트를 생성하세요.

```
const customers = [
    { name: "John Doe", address: "123 Main St, New York, NY 10001" },
    { name: "Jane Smith", address: "456 Elm St, Los Angeles, CA 90001" },
    { name: "Michael Johnson", address: "789 Oak St, Chicago, IL 60601" },
    // ...
];
```

Generate a list of random customer names and addresses without using the faker library.

한글 faker 라이브러리를 사용하지 않고 임의의 고객 이름 및 주소 리스트를 생성하세요.

faker 라이브러리를 사용하지 않고 임의의 고객 이름과 주소를 생성하려면 임의의 데이터를 생성하는 간단한 함수를 만듭니다. 다음은 기본적인 예시입니다.

```javascript
function getRandomInt(min, max) {
  min = Math.ceil(min);
  max = Math.floor(max);
  return Math.floor(Math.random() * (max - min + 1)) + min;
}
const firstNames = [
  'John', 'Jane', 'Michael', 'Sarah', 'David'];
const lastNames = [
  'Doe', 'Smith', 'Johnson', 'Miller', 'Brown'];
const streetNames = ['Main', 'Elm', 'Oak', 'Pine', 'Maple'];
const cities = [
  'New York',
  'Los Angeles',
  'Chicago',
  'Houston',
  'Phoenix'
];
const states = ['NY', 'CA', 'IL', 'TX', 'AZ'];
const zipCodes = ['10001', '90001', '60601', '77001', '85001'];
function generateRandomCustomer() {
  const firstName =
    firstNames[getRandomInt(0, firstNames.length - 1)];
  const lastName =
    lastNames[getRandomInt(0, lastNames.length - 1)];
  const streetNumber = getRandomInt(100, 999);
  const streetName =
    streetNames[getRandomInt(0, streetNames.length - 1)];
  const city = cities[getRandomInt(0, cities.length - 1)];
  const state = states[getRandomInt(0, states.length - 1)];
```

```
  const zipCode =
    zipCodes[getRandomInt(0, zipCodes.length - 1)];
  return {
    name: `${firstName} ${lastName}`,
    address:
      `${streetNumber} ${streetName} St, ${city}, ${state} ${zipCode}`
  };
}
const customers = Array.from({ length: 10 }, () =>
  generateRandomCustomer()
);
console.log(customers);
```

Add a random color to each customer.

한글 각 고객에 임의의 색상을 추가하세요.

```
const colors = ['red', 'blue', 'green', 'yellow', 'orange'];
customers.forEach((customer) => {
  customer.color = colors[getRandomInt(0, colors.length - 1)];
});
console.log(customers);
```

Add a favorite CSS Color to each customer.

한글 각 고객에 즐겨 찾는 CSS 색상을 추가하세요.

```javascript
const cssColors = [
  'Crimson',
  'DarkCyan',
  'DodgerBlue',
  'ForestGreen',
  'Gold'
];
customers.forEach((customer) => {
  customer.favoriteColor =
    cssColors[getRandomInt(0, cssColors.length - 1)];
});
console.log(customers);
```

What kind of car does each customer drive?

한글 각 고객은 어떤 종류의 자동차를 운전합니까?

더 많은 맥락이나 데이터 없이는 각 고객이 운전하는 정확한 자동차를 결정할 수 없습니다. 다만 임의의 이름, 주소 및 색상을 생성한 방법과 유사하게 각 고객에 대해 임의의 자동차 데이터를 생성할 수 있습니다.

```javascript
const carMakes =
  ['Toyota', 'Honda', 'Ford', 'Chevrolet', 'Nissan'];
const carModels =
  ['Corolla', 'Civic', 'F-150', 'Impala', 'Altima'];
customers.forEach((customer) => {
  customer.car = {
    make: carMakes[getRandomInt(0, carMakes.length - 1)],
    model: carModels[getRandomInt(0, carModels.length - 1)]
  };
});
console.log(customers);
```

What kind of dog does each customer have?

한글 각 고객은 어떤 종류의 개를 키웁니까?

자동차 예제와 유사하게 각 고객에 대해 임의의 개 품종을 생성할 수 있습니다.

```javascript
const dogBreeds = [
  'Labrador Retriever',
  'German Shepherd',
  'Golden Retriever',
  'French Bulldog',
  'Beagle'
];
customers.forEach((customer) => {
  customer.dog = {
    breed: dogBreeds[getRandomInt(0, dogBreeds.length - 1)]
  };
});
console.log(customers);
```

Create an array of all possible card values.

한글 가능한 모든 카드 값의 배열을 만드세요.

```javascript
const cardValues = [
  '2',
  '3',
  '4',
  '5',
```

```
    '6',
    '7',
    '8',
    '9',
    '10',
    'J',
    'Q',
    'K',
    'A'
];
const cardSuits = ['hearts', 'diamonds', 'clubs', 'spades'];
// 덱을 섞는 함수
function shuffleDeck(deck) {
  for (let i = deck.length - 1; i > 0; i--) {
    const j = Math.floor(Math.random() * (i + 1));
    [deck[i], deck[j]] = [deck[j], deck[i]];
  }
}
// 자바스크립트 내장 배열 기능을 이용해 덱 섞기
const deck = [];
cardSuits.forEach((suit) => {
  cardValues.forEach((value) => {
    deck.push({ suit, value });
  });
});
shuffleDeck(deck);
console.log(deck);
```

Create a random deck of Uno cards.

한글 우노 카드로 임의의 덱을 만드세요.

```javascript
function generateUnoDeck() {
  const colors = ['red', 'green', 'blue', 'yellow'];
  const values = [
    '0',
    '1',
    '2',
    '3',
    '4',
    '5',
    '6',
    '7',
    '8',
    '9',
    'Skip',
    'Reverse',
    'Draw Two'
  ];
  const deck = [];
  colors.forEach((color) => {
    values.forEach((value) => {
      deck.push({ color, value });
      if (value !== '0') {
        deck.push({ color, value });
        // 각 값의 두 번째 카드를 추가, 0은 제외
      }
    });
  });
  // 와일드 카드 추가
  for (let i = 0; i < 4; i++) {
    deck.push({ color: 'wild', value: 'Wild' });
    deck.push({ color: 'wild', value: 'Wild Draw Four' });
  }
```

```
    shuffleDeck(deck);

    return deck;

}

const unoDeck = generateUnoDeck();

console.log(unoDeck);
```

 Create an array of possible grocery items.

한글 가능한 식료품 품목의 배열을 만드세요.

```
const groceryItems = [
  'Apples',
  'Bananas',
  'Oranges',
  'Grapes',
  'Milk',
  'Bread',
  'Eggs',
  'Cheese',
  'Butter',
  'Chicken',
  'Beef',
  'Pork',
  'Pasta',
  'Rice',
  'Cereal',
  'Potatoes',
  'Carrots',
  'Onions'
  // ...
];
```

Create a list of random stock symbols.

한글 임의의 주식 기호 리스트를 만드세요.

```
const stockSymbols = [
  'AAPL',
  'GOOGL',
  'AMZN',
  'MSFT',
  'TSLA',
  'FB',
  'BRK.A',
  'JNJ',
  'JPM',
  'V'
];
// 임의의 주식 기호 리스트를 만들려면 stockSymbols 배열을 섞고
// 원하는 개수만큼 항목을 고르기만 하면 됨
```

Generate an observable stream of prices for each stock, changing every 5 seconds.

한글 각 주식에 대해 5초마다 변경되는 옵저버블 가격 스트림을 생성하세요.

```
import { interval } from 'rxjs';
import { map } from 'rxjs/operators';
function generateRandomPrice() {
  return Math.floor(Math.random() * (10000 - 1000 + 1) + 1000) / 100;
}
```

```
function createPriceStream(stockSymbol) {
  return interval(5000).pipe(
    map(() => ({
      stockSymbol,
      price: generateRandomPrice(),
      timestamp: new Date()
    }))
  );
}
const stockPriceStreams = stockSymbols.map((stockSymbol) =>
  createPriceStream(stockSymbol)
);
```

이 예에서는 **rxjs** 라이브러리를 사용해 각 주식 기호에 대해 옵저버블 가격 스트림을 만듭니다. interval 함수는 5초(5,000밀리초)마다 새 값을 생성하고, map 연산자는 주식 기호, 임의의 가격 및 현재 타임스탬프를 포함하는 새 가격 개체를 생성하는 데 사용됩니다. 이제 **stockPriceStreams** 배열이 있으므로 각 개별 옵저버블 개체를 구독해 가격 업데이트를 받을 수 있습니다.

```
stockPriceStreams.forEach((priceStream, index) => {
  priceStream.subscribe((price) => {
    console.log(
      `Price update for ${price.stockSymbol}: $${price.price}
at ${price.timestamp}`
    );
  });
});
```

이렇게 하면 5초마다 콘솔에 각 주식 기호의 가격이 기록됩니다.

9장

출결 앱을 위해 몇 가지 애자일 에픽과 스토리를 생성하겠습니다.

에픽 1: 명단 관리하기

- 스토리 1.1: 사용자로서, 학급 명단에 학생을 추가하고 싶습니다.
- 스토리 1.2: 사용자로서, 학급 명단에서 학생 정보를 편집하고 싶습니다.
- 스토리 1.3: 사용자로서, 학급 명단에서 학생을 삭제하고 싶습니다.

에픽 2: 출결 추적하기

- 스토리 2.1: 사용자로서, 특정 날짜에 학생의 출석 여부를 표시하고 싶습니다.
- 스토리 2.2: 사용자로서, 학급의 출결 기록을 확인하고 싶습니다.

에픽 3: 사진 관리하기

- 스토리 3.1: 사용자로서, 각 학생의 프로필에 사진을 추가하고 싶습니다.
- 스토리 3.2: 사용자로서, 학생의 사진을 업데이트하고 싶습니다.

에픽 4: 다중 플랫폼 호환성

- 스토리 4.1: 사용자로서, 앱이 데스크톱 웹 브라우저와 호환되도록 하고 싶습니다.
- 스토리 4.2: 사용자로서, 앱이 iOS 기기와 호환되도록 하고 싶습니다.
- 스토리 4.3: 사용자로서, 앱이 안드로이드 기기와 호환되도록 하고 싶습니다.

Given the relative difficulties of those tasks and their UAC, generate a rough relative estimate for each using T-shirt sizing.

한글 작업의 상대적 난이도와 사용자 승인 기준을 바탕으로, 티셔츠 사이징을 사용해 각각에 대한 대략적인 작업량 견적을 생성하세요.

에픽 1: 명단 관리하기

- 스토리 1.1 : 소형

- 스토리 1.2 : 소형

- 스토리 1.3 : 소형

에픽 2: 출결 추적하기

- 스토리 2.1 : 중형

- 스토리 2.2 : 중형

에픽 3: 사진 관리하기

- 스토리 3.1 : 중형

- 스토리 3.2 : 소형

에픽 4: 다중 플랫폼 호환성

- 스토리 4.1 : 대형

- 스토리 4.2 : 대형

- 스토리 4.3 : 대형

10장

What is the newest version of Angular and Ionic Framework you know of?

한글 당신이 알고 있는 앵귤러 및 아이오닉 프레임워크의 최신 버전은 무엇입니까?

앵귤러 및 아이오닉 프레임워크의 최신 버전은 2021년 9월을 기준으로 앵귤러 12 및 아이오닉 5입니다. 다만 그 이후에 최신 버전이 출시됐을 수 있습니다. 최신 정보는 해당 웹사이트나 패키지 저장소를 확인하기 바랍니다.

Using Angular and the Ionic Framework, create a complete web application that uses a split-pane layout with a side menu and a default Home page. It should have an Angular service to load blog posts from a remote sample API. Those blog posts should be displayed on a page called Posts. The Posts page should be responsive, displaying the blog post titles and body in an ⟨ion-card⟩. When working with Observables, prefer the async pipe over subscribing and unsubscribing. Make sure you provide the Ionic CLI commands to create the application and any additional items needed to create the application.

한글 앵귤러 및 아이오닉 프레임워크를 사용해 사이드 메뉴와 기본 홈페이지가 있는 분할 창 레이아웃을 사용하는 완전한 웹 애플리케이션을 만드세요. 원격 샘플 API에서 블로그 게시물을 로드하는 앵귤러 서비스가 있어야 합니다. 블로그 게시물은 Posts라는 페이지에 표시돼야 합니다. Posts 페이지는 반응형이어야 하며 블로그 게시물 제목과 본문을 ⟨ion-card⟩ 안에 표시해야 합니다. 옵저버블로 작업할 때는 구독 및 구독 취소보다 비동기 파이프를 선호합니다. 애플리케이션을 생성하기 위한 아이오닉 CLI 명령과 애플리케이션을 생성하는 데 필요한 추가 항목을 제공해야 합니다.

1. 아이오닉 CLI가 아직 없다면 설치합니다.

```
npm install -g @ionic/cli
```

2. 새로운 아이오닉 앵귤러 프로젝트를 만듭니다.

```
ionic start myApp sidemenu --type=angular
```

3. 디렉터리를 새로 만든 앱으로 변경합니다.

```
cd myApp
```

4. 블로그 게시물을 로드하는 서비스를 생성합니다.

```
ionic generate service services/blog
```

5. src/app/services/blog.service.ts를 수정해 샘플 블로그 게시물 데이터를 가져옵니다.

```
import { HttpClient } from '@angular/common/http';
import { Injectable } from '@angular/core';
import { Observable } from 'rxjs';

@Injectable({
  providedIn: 'root',
})
export class BlogService {
  private apiUrl =
    'https://jsonplaceholder.typicode.com/posts';

  constructor(private http: HttpClient) {}

  getPosts(): Observable<any[]> {
    return this.http.get<any[]>(this.apiUrl);
  }
}
```

6. HttpClientModule을 src/app/app.module.ts에 추가합니다.

```
import { HttpClientModule } from '@angular/common/http';

@NgModule({
  // ...
  imports: [
    // ...
    HttpClientModule,
  ],
  // ...
})
export class AppModule {}
```

7. 다음과 같이 블로그 게시물을 출력하기 위한 새 페이지를 생성합니다.

```
ionic generate page pages/posts
```

8. **src/app/pages/posts/posts.page.ts**를 블로그 게시물을 로드하도록 수정합니다.

```
import { Component, OnInit } from '@angular/core';
import { BlogService } from '../../services/blog.service';
import { Observable } from 'rxjs';

@Component({
  selector: 'app-posts',
  templateUrl: './posts.page.html',
  styleUrls: ['./posts.page.scss'],
})
export class PostsPage implements OnInit {
  posts$: Observable<any>;

  constructor(private blogService: BlogService) {}

  ngOnInit() {
    this.posts$ = this.blogService.getPosts();
  }
}
```

9. 비동기 파이프와 〈ion-card〉를 사용해 **src/app/pages/posts/posts.page.html**을 수정해 블로그 게시물을 출력합니다.

```
<ion-header>
  <ion-toolbar>
    <ion-title>Posts</ion-title>
  </ion-toolbar>
</ion-header>
<ion-content>
```

```
    <ion-card *ngFor="let post of posts$ | async">
      <ion-card-header>
        <ion-card-title>{{ post.title }}</ion-card-title>
      </ion-card-header>
      <ion-card-content>
        {{ post.body }}
      </ion-card-content>
    </ion-card>
  </ion-content>
```

10. **src/app/app.component.ts**를 수정해 사이드 메뉴에 Posts 페이지를
    추가합니다.

```
// ...
public appPages = [
  // ...
  { title: 'Posts', url: '/posts', icon: 'mail' },
];
// ...
```

11. **src/app/app-routing.module.ts**에 있는 라우팅을 Posts 페이지를
    포함하도록 업데이트합니다.

```
// ...
import { PostsPage } from './pages/posts/posts.page';

const routes: Routes = [
  // ...
  { path: 'posts', component: PostsPage },
];
// ...
```

12. 개발 모드에서 앱을 실행합니다.

```
ionic serve
```

이제 분할 창 배치, 사이드 메뉴, 홈페이지가 있는 완전한 앵귤러/아이오닉 웹 애플리케이션을 만들었습니다. **Posts** 페이지는 블로그 게시물 제목과 내용을 〈ion-card〉 요소로 출력합니다. 비동기 파이프를 사용해 옵저버블을 처리합니다.

11장

What is a UUID?

한글 UUID가 무엇인가요?

UUID(Universally Unique Identifier)는 서로 다른 시스템이나 플랫폼에서 객체 또는 개체entity를 고유하게 식별하는 데 사용되는 128비트 숫자입니다. 일반적으로 32개 영숫자 문자로 구성된 문자열로, 8-4-4-4-12 형식으로 5개 그룹이 하이픈으로 구분됩니다(예: 123e4567-e89b-12d3-a456-426614174000). UUID는 중앙 조정 기관이 없더라도 서로 다른 시스템 또는 서로 다른 시간에 생성된 개체가 고유 식별자를 갖도록 하는 데 사용됩니다. 이는 분산 시스템, 데이터베이스 또는 고유 식별이 필요한 애플리케이션에서 유용합니다.

Given the following Angular service, write a complete suite of unit tests using Jasmine.

한글 다음의 앵귤러 서비스에 대해서, 재스민을 사용한 전체 유닛 테스트 스위트를 작성하세요.

(전체 클래스 코드를 여기에 붙입니다.)

먼저 앵귤러 CLI를 사용해 서비스에 대한 테스트 파일(아직 없는 경우)을 생성합니다.

```
ng generate service services/shuffle --skipTests=false
```

그리고 다음 재스민 테스트로 **src/app/services/shuffle.service.spec.ts** 파일을 업데이트합니다.

```
import { TestBed } from '@angular/core/testing';
import { ShuffleService } from './shuffle.service';

describe('ShuffleService', () => {
  let service: ShuffleService;

  beforeEach(() => {
    TestBed.configureTestingModule({});
    service = TestBed.inject(ShuffleService);
  });

  it('should be created', () => {
    expect(service).toBeTruthy();
  });

  it('should generate the same hash code for the same input
string', () => {
    const input = 'test_string';
    const hash1 = service.hashCode(input);
    const hash2 = service.hashCode(input);
    expect(hash1).toEqual(hash2);
  });

  it('should generate different hash codes for different input
strings', () => {
    const input1 = 'test_string1';
    const input2 = 'test_string2';
```

```
    const hash1 = service.hashCode(input1);

    const hash2 = service.hashCode(input2);

    expect(hash1).not.toEqual(hash2);

  });


  it('should shuffle the input array', () => {

    const inputArray = [1, 2, 3, 4, 5];

    const shuffledArray = service.shuffle([...inputArray]);

    expect(shuffledArray).not.toEqual(inputArray);

    expect(shuffledArray.sort()).toEqual(inputArray);

  });


  it('should seed the random number generator with the same
seed', () => {

    const inputArray = [1, 2, 3, 4, 5];

    const seed = 'test_seed';

    service.seed(seed);

    const shuffledArray1 = service.shuffle([...inputArray]);

    service.seed(seed);

    const shuffledArray2 = service.shuffle([...inputArray]);

    expect(shuffledArray1).toEqual(shuffledArray2);

  });

});
```

이 테스트는 서비스 만들기, 해시 코드 생성 및 난수 생성기 시드를 포함한 셔
플 메서드를 검증합니다.

## 12장

What do you believe the significance of the masked name might be?

한글 이름 마스킹의 중요성은 무엇이라고 생각합니까?

마스킹된 이름의 중요성은 개인 또는 개체의 신원을 보호하거나, 민감한 정보를 숨기거나, 프라이버시를 유지하는 데 있습니다. ShuffleService에서는 마스킹된 이름이 무엇을 의미하는지 확실하지 않습니다. 이 서비스는 배열을 섞고 해시 코드를 생성하는 일반적인 유틸리티로 보입니다.

Given the following string of commit messages for a pull request, generate some release notes, grouped by common themes and sorted by perceived importance.

Commit messages:

* Added capacitor and capacitor storage
* Converted student service to promises?
* Fixed `DeleteStudent`, but not perfectly
* Removed RxJS from storage service
* Student CRUD working
* Added some more functionality
* Refactored some of the storage code
* Added New Student functionality
* Added camera feature
* Standardize state management within the student service (#22)

* refactor: add explicit modifiers to service signatures

* refactor: simplify syntax in student service

* fix: initialize service with stored data

* refactor: move state changes into student service

* refactor: use `routerLinkActive` to determine link state

* chore: format all files with `prettier`

* chore: prefer single quote for strings

* Added camera feature

* Made some minor tweeks for the workshop

* Minor tweaks for conference

한글 풀 리퀘스트에 대한 다음 커밋 메시지들을 사용해, 공통 테마별로 그룹화되고 파악된 중요도에 따라 정렬된 몇 가지 릴리스 정보를 생성합니다.

커밋 메시지:

* 캐패시터 및 캐패시터 저장 기능을 추가했습니다.

* 학생 서비스를 프로미스로 변환?

* `DeleteStudent` 기능을 수정했으나 완벽하게 고치지는 못했습니다.

* 저장 서비스에서 RxJS를 제거했습니다.

* 학생 CRUD 작동 중

* 기타 기능을 추가했습니다.

* 저장 코드 일부를 리팩터링했습니다.

* 신규 학생 기능을 추가했습니다.

* 카메라 기능을 추가했습니다.

* 학생 서비스 내에서 상태 관리를 표준화합니다. (#22)

* 리팩터링: 서비스 시그니처에 명시적인 수정자를 추가합니다.

* 리팩터링: 학생 서비스에서 구문을 단순화합니다.

* 수정: 저장된 데이터로 서비스를 초기화합니다.

* 리팩터링: 상태 변경을 학생 서비스로 이동합니다.

* 리팩터링: 링크 상태를 결정하기 위해 `routerLinkActive`를 사용합니다.

* 기타: 작업 파일을 prettier로 포맷합니다.

* 기타: 문자열에는 작은따옴표를 선호합니다.

* 카메라 기능을 추가했습니다.

* 워크숍을 위해 작은 수정을 했습니다.

* 콘퍼런스를 위해 작은 수정을 했습니다.

릴리스 정보:

새로운 기능

- 새로운 학생 기능을 추가했습니다.
- 사용자가 학생의 사진을 찍고 저장할 수 있는 카메라 기능을 추가했습니다.

개선 사항

- 데이터 관리 개선을 위해 캐패시터 저장소를 추가했습니다.
- 학생 서비스 내에서 상태 관리를 표준화했습니다.
- 학생 CRUD(생성, 읽기, 갱신, 삭제) 기능이 이제 완전히 작동합니다.
- 일부 개선 가능한 사항이 있는 DeleteStudent를 수정했습니다.
- 유지 관리를 위해 저장소 코드를 리팩터링했습니다.
- 워크숍 및 컨퍼런스 발표를 위해 작은 수정을 했습니다.

코드 리팩터링과 정제

- 학생 서비스를 프로미스를 사용하도록 변경했습니다.
- 단순화를 위해 저장소 서비스에서 RxJS를 제거했습니다.
- 서비스 시그니처에 명시적인 수정자를 추가했습니다.
- 학생 서비스에서 구문을 단순화했습니다.
- 저장된 데이터로 서비스를 초기화했습니다.
- 상태 변경을 학생 서비스로 이동했습니다.
- 링크 상태를 확인하기 위해 routerLinkActive를 사용했습니다.
- 모든 파일을 prettier로 포맷했습니다.
- 문자열에는 작은따옴표를 선호했습니다.

생성된 릴리스 정보가 기대에 부응했으면 좋겠네요. 추가 요청이나 질문이 있으면 언제든지 물어보세요!